Daniel Bialas

Recommendersysteme in Software Shops für mobile Plattformen (SwSmP)

Empfehlung von Applikationen aufgrund kontextsensitiver Informationen

GRIN Verlag

Bibliografische Information der Deutschen Nationalbibliothek:

Die Deutsche Bibliothek verzeichnet diese Publikation in der Deutschen National-
bibliografie; detaillierte bibliografische Daten sind im Internet über http://dnb.d-
nb.de/ abrufbar.

Impressum:

Copyright © 2011 GRIN Verlag GmbH
Druck und Bindung: Books on Demand GmbH, Norderstedt Germany
ISBN: 978-3-640-89880-0

Dieses Buch bei GRIN:

http://www.grin.com/de/e-book/170604/recommendersysteme-in-software-shops-
fuer-mobile-plattformen-swsmp

Recommendersysteme in Software Shops für mobile Plattformen (SwSmP)
Empfehlung von Applikationen aufgrund kontextsensitiver Informationen

Masterarbeit

Im Virtuellen Weiterbildungsstudiengang Wirtschaftsinformatik

Verfasser: Daniel Bialas

10.Fachsemester

Studiengang: Wirtschaftsinformatik

Abgabe: 10. Januar 2011

WS 2010/2011

Daniel Bialas: *Recommendersysteme in Software Shops für mobile Plattformen (SwSmP): Empfehlung von Applikationen aufgrund kontextsensitiver Informationen*, Masterarbeit im Rahmen des Virtuellen Weiterbildungsstudiengangs Wirtschaftsinformatik, Otto-Friedrich Universität Bamberg, April 2011

ORT:
München

ZEITRAUM:
15. September 2010 bis 14. März 2011

DANKSAGUNG

Zunächst möchte ich mich bei Prof. Dr. Johann Schlichter und Dr. Wolfgang Wörndl vom Lehrstuhl für Angewandte Informatik / Kooperative Systeme der Technische Universität München bedanken. Durch die Übernahme der Betreuung und die sehr gute Kooperation haben sie zum erfolgreichen Abschluss dieser Arbeit maßgeblich beigetragen.

Mein besonderer Dank gilt auch Maike Häger, ihrem Vater, meinen Eltern sowie meinen Freunden und Bekannten für das Korrekturlesen und das mir entgegengebrachte Verständnis während der Entstehung dieser Arbeit.

München, 15. Januar 2011

ZUSAMMENFASSUNG

Die fortschreitende Entwicklung von mobilen Endgeräten wie PDAs und Smartphones ermöglicht einen immer weiter gehenden Einsatz für Aufgaben im beruflichen und privaten Umfeld von Benutzern. (Kleine) Anwendungen für diese mobilen Endgeräte werden kurz auch als „App" bezeichnet und können über Software Shops der verschiedenen Plattformen – kurz: SwSmP – einfach erworben, installiert und genutzt werden.

Allerdings bieten SwSmP mittlerweile eine Vielzahl von Apps (z.T. mehr als 100.000) an. Für die Shop-Nutzer ist es daher schwierig aus dieser unüberschaubar großen Produktmenge die für ihre aktuelle (Kontext-)Situation empfehlenswerten Applikationen zu finden. Mittels computergenerierter Empfehlungen können die im E-Business bereits vielfach eingesetzten Recommendersysteme (RCS) hier Abhilfe schaffen. Gerade in einem mobilen Umfeld erscheint dies auch sinnvoll. Dies liegt zum einen an der beschränkten Benutzerschnittstelle der Mobilgeräte – Benutzer können hier nicht so leicht sehr viele Suchergebnisse auswerten, sondern die ersten Treffer einer Suche nach Anwendungen sollten gleich brauchbare Ergebnisse (App-Empfehlungen) liefern. Zum anderen ist im mobilen Umfeld eine Anpassung an den aktuellen Kontext wie Ort und Zeit wichtig.

In dieser Abschlussarbeit soll nun genauer untersucht werden, wie man ein kontext-sensitives Recommendersystem für SwSmP konzipieren und umsetzen kann. Dazu sollen zunächst in einem Grundlagen-Teil existierende SwSmP, in Frage kommende Kontextarten und grundlegende Recommenderalgorithmen betrachtet werden. Darauf aufbauend soll ein eigenes kontext-sensitives Konzept zur Empfehlung von Apps in SwSmP entwickelt werden. Neben Ort und Zeit erscheint u.a. auch eine Anpassung der Empfehlungen an das aktuell vom Endgerät verwendete Betriebssystem sinnvoll. Das entwickelte Verfahren soll dann in einer prototypischen entwickler-zentrierten Implementierung realisiert werden. Der Schwerpunkt dabei liegt auf der mobilen Schnittstelle zum Recommendersystem.

Ähnlich wie bei vielen bekannten RCS liegt auch dem hier programmierten Prototypen eine – wenn auch SwSmP-spezifische – zwei- bzw. drei-dimensionale Bewertungsmatrix zugrunde. Im Zuge der Kontext-Integration und des verwendeten multidimensional-reduzierenden Ansatzes fließen daraus nur Bewertungen in die Empfehlungsgenerierung ein, die in einem gleichen bzw. ähnlichen Kontext abgegeben wurden. Dies erfordert Ähnlichkeitsberechnungen im Vektorraum. Zusätzlich muss der Recommender Komponente ein (prozentualer) Schwellenwert vorgegeben werden, bis zu dem Kontext-Situationen als gleich oder als noch ähnlich anzusehen sind. Im abschließenden Teil der Thesis wird in Versuchsreihen untersucht, wie dieser frei definierbare Ähnlichkeitswert das Ergebnis der Rating-Berechnungen beeinflusst und welche Bedeutung er damit für den kontext-sensitiven Empfehlungsprozess gewinnt.

ABSTRACT

Mobile devices – such as PDAs or smartphones – have flourished in the past months. They now can be used for more and more tasks in the user's private and professional live. (Small) Applications (in short: „Apps") can easily be purchased, installed and used via software shops of the various mobile platforms (in short: SwSmP).

However SwSmP offer incredible large amounts of apps (to some extent more than 100.000) by now. For shop-users it can be extremely difficult to find applications related to their current (context-)situation in this unmanageably large number of products. In this case computer-generated recommendations can be of great benefit. Recommender systems are already widely used in E-Business. Especially in a mobile environment, this seems reasonable. This is because on the one hand user interfaces of mobile devices are limited (users may not easily evaluate thousands of search results on a smartphone) and so the first results of an application search in a SwSmP should provide highly recommended apps. On the other hand an adaption to the current context (such as location and time) is important in mobile surroundings.

This thesis will now examine the design and implementation of a context-sensitive recommender system for SwSmP in detail. Initially a fundamental part will look at existing SwSmP, possible kinds of context and basic recommendation algorithms. Based on this, an own approach to the context-sensitive recommendation of apps in a SwSmP will be developed. In this connection among other things adapting recommendations to the current place, time and operating system of the mobile device makes sense. The educed technique should be implemented in a prototype app with the programme designer placed in the middle. The core theme here is the mobile interface to the recommender system.

As many of the well-known RCS the here programmed app prototype is also based on a two-dimensional item-user matrix respectively a three-dimensional item-user-context matrix – specially adapted for SwSmP. Due to the integration of context and the consequential use of the reduction-based approach in this thesis, ratings given in the same or similar context can only be used to generate computerized recommendations. This of course requires similarity calculations in vector space. Additionally a (percentage) threshold value has to be predefined in the recommender component, until which context situations are seen as equal or similar. The final part of the thesis examines via a series of tests how this definable similarity value influences the rating calculation and gains weight for the context-sensitive recommendation process.

INHALTSVERZEICHNIS

TABELLENVERZEICHNIS

LISTINGS

ABKÜRZUNGSVERZEICHNIS

ADT	Android Development Tools
AGB	Allgemeine Geschäftsbedingungen
API	Application Programming Interface
App	Applikation/Anwendung für ein mobiles Endgerät
ARM	Advanced RISC Machines
B2B	Business-to-Business
B2C	Business-to-Consumer
BITKOM	Bundesverband Inform.wirtsch., Telekomm. und neue Medien e.V.
BTS	Base Transceiver Station
BS	Betriebssystem
CaRS	Context-aware Recommender System
CDC	Connected Device Configuration
CF	Collaborative Filtering
CLDC	Connected Limited Device Configuration
CD-ROM	Compact Disc Read-Only Memory
CPU	Central Processing Unit = Hauptprozessor
CRM	Customer Relationship Management
DVM	Dalvik Virtual Machine
DDL	Data Definition Language
DWH	Data-Warehouse
E-Business	Electronic Business
E-Commerce	Electronic Commerce
E-Geld	elektronisches (digitales) Geld
EDGE	Enhanced Data Rate for GSM Evolution
ERP	Enterprise Resource Planning
ER	Entity-Relationship
ESK	(Fraunhofer-)Einrichtung für Systeme der Kommunikationstechnik
ESMR	Enhanced Specialized Mobile Radio
GGSN	Gateway GPRS Support Node
GPRS	General Packet Radio Service
GPS	Global Positioning System
GSM	Global System for Mobile Communications
GUI	Graphical User Interface
HSCSD	High Speed Circuit Switched Data
HSDPA	High Speed Downlink Packet Access
HTML	Hypertext Markup Language
ICE	Intercity-Express
IDC	International Data Corporation
IDE	Integrated Development Environment

Teil I

THEMATISCHE HINFÜHRUNG

EINLEITUNG

Der rasante technologische Fortschritt hat bei Telekommunikation, Datenverarbeitung und Internet zu einem Zusammenwachsen der ehemals getrennten Technologiebereiche geführt. Sichtbar wird diese Tatsache in der enormen Leistungssteigerung und Miniaturisierung bei mobilen Endgeräten – den so genannten Smartphones und PDAs (Kapitel 2.1.3).

Die Funk-Übertragungsgeschwindigkeit zwischen mobilen Endgeräten und den Telekommunikationsnetzen ist mittlerweile so hoch, dass der Zugriffe auf das Internet auch von entsprechend leistungsstarken Mobiltelefonen möglich geworden ist: man spricht vom mobilen Internet (Kapitel 2.1.2). Die Endgeräte werden ebenfalls immer leistungsfähiger und können – seit dem Markteintritt von Apples iPhone – vom Besitzer durch kleine Anwendungsprogramme (mobile Applikationen, (Kapitel 2.1.5), für vielfältigste Anwendungsbereiche aufgerüstet werden.

Diese Zusatz-Programme können sowohl kostenpflichtig als auch kostenfrei z.B. aus dem Internet auf das Handy geladen und dort genutzt werden. Innerhalb kürzester Zeit sind zu diesem Zweck so genannte „App-Stores"– also Software Shops für mobile Plattformen (kurz: SwSmP, Kapitel 2.1.6) – aus dem Boden geschossen. Sie bieten mittlerweile ein schier unüberschaubares Angebot an Apps zur Erweiterung und Individualisierung der Smartphones. Die App-Stores haben mittlerweile z.T. mehr als 100.000 Anwendungsprogramme im Sortiment (Tabelle 3), was natürlich jeden Kunden bei der Produktauswahl überfordert.

Um im bisherigen Electronic Business (Kapitel 2.1.1) einem Konsumenten bei der Auswahl aus dem fast unbegrenzten Produktangebot behilflich zu sein, hat man Empfehlungssysteme bzw. Recommendersysteme (kurz: RCS, Kapitel 2.2) entwickelt. Ein weit bekanntes Beispiel dafür ist der Online-Buchhändler Amazon. Hier werden dem Webseiten-Besucher personalisierte (Produkt-)Empfehlungen (Kapitel 1.3) aus Amazons riesigem Medienangebot präsentiert. Da nun auch im Mobile Business (Kapitel 2.1) – etwa in SwSmP – das Produktangebot kontinuierlich wächst, liegt es nahe, dass auch dort Recommendersysteme neue Einsatzgebiete finden.

Durch die neuen Leistungsmerkmale mobiler Endgeräte kann im Vergleich zum E-Business die Qualität der Empfehlungen noch gesteigert werden. (Mobile) Empfehlungssysteme, die z.B. in einen SwSmP integriert sind und somit auf einem Smartphone in einem ständig wechselnden Umfeld ausgeführt werden, können nicht nur Verkaufszahlen oder explizit geäußerte Nutzerinteressen berücksichtigen. Sie können stattdessen zusätzlich auch Kontext-Informationen (Kapitel 2.3 – wie etwa den Standort des Benutzers (Stichwort: Location based services, Kapitel 2.1.1) oder das verwendete mobile Betriebssystem (Kapitel 2.1.4) – zur Empfehlungsgenerierung heranziehen.

Die Übertragung von Recommendersystemen aus dem E-Business ins M-Business ist also nur eine logische Konsequenz. Im Englischen spricht man dann auch von so genannten kontext-sensitiven Empfehlungssystemen (kurz: CaRS). Neuesten Meldungen zufolge (vgl. Wölbert 1110) plant mit Amazon der prominenteste Anwender von Recommender Komponenten nun auch den Aufbau eines SwSmP für das (mobile) Betriebssystem Android (Kapitel 2.1.4.4 bzw. 3.2).

Ziel ist dabei sicherlich auch die Integration bzw. Erweiterung der von Amazons Webseite bekannten RCS-Komponente in den neuen SwSmP. An dieser Stelle setzt die vorliegende Master-Arbeit an. Neben einer Zusammenstellung der theoretisch-fachlichen Grundlagen (Kapitel 2) soll im Rahmen einer prototypischen App-Entwicklung (Kapitel 3) aufgezeigt werden wie die angesprochene Einbindung eines CaRS (Kapitel 2.3.1.2) in einen App-Shop aussehen könnte. Der Prototyp soll dabei in erster Linie die Möglichkeit zur transparenten Nachvollziehbarkeit der Empfehlungsberechnungen unter Einbezug von Kontext-Informationen bieten (Kapitel 3.4) und ist somit eher aus Entwickler- denn aus Endanwender-Perspektive zu sehen.

Das in der entwickelten App verwendete multidimensionale Recommendation-Modell zur Kontext-Einbindung (Kapitel 3.1.1 bzw. 3.1.2) basiert auf einer erweiterten Bewertungsmatrix (Kapitel 2.2.2 bzw. 2.2.3). D.h. Empfehlungen werden auf Grundlage von Produktbewertungen ähnlicher Nutzer aus einem ähnlichen Umfeld generiert (Kapitel 2.2.4.2). Es liegt also auch die Notwendigkeit vor Ähnlichkeitsberechnungen zwischen aktuellem User-Kontext und den Kontext-Situationen durchzuführen, die bei den bekannten Produktbewertungen vorlagen. Hierbei stellt sich die Frage wann zwei Kontext-Vektoren (Abbildung 25 in Kapitel 2.3.2) als gleich oder ähnlich anzusehen sind. Hintergrund ist, dass im Zuge des darauf folgenden multidimensional-reduzierenden Ansatzes (Kapitel 3.1.2) nur Bewertungen zur Empfehlungsgenerierung herangezogen werden, die in einem gleichen bzw. ähnlichen Kontext abgegeben wurden.

Die Folge daraus ist, dass eine RCS-Software (wie z.B. die entwickelte App, Kapitel 3.4.3), welche mit diesen beiden multidimensionalen Modellen den aktuellen bzw. Bewertungs-Kontext berücksichtigt, einen Schwellenwert im Voraus festlegen sollte. Bis zu diesem Prozentwert werden Kontext-Situationen von bekannten Bewertungen dann als gleich oder ähnlich zur Kontext-Situation des aktuellen SwSmP-Nutzers angesehen. Dieser Schwellenwert bzgl. der Kontext-Ähnlichkeit entscheidet also, ob ein bekanntes Rating zur Empfehlungs-Bestimmung für den aktuellen User herangezogen werden darf oder nicht. Welchen entscheidenden Einfluss ein solcher Ähnlichkeits-Schwellenwert auf die errechneten Empfehlungen hat, wird in der Thesis abschließend mittels verschiedenen praktischen Testreihen verdeutlicht (Kapitel 4).

1.1 VERWANDTE ARBEITEN

Eine Vielzahl von wissenschaftlichen Publikationen beschäftigt sich mit unterschiedlichen Aspekten von Empfehlungssystemen. Gerade ihre Anwendung im E-Business wird vielfach thematisiert. So setzten sich beispielsweise Goy et al. (2007) allgemein mit der Personalisierung (Kapitel 1.3) von Webseiten u.a. durch den Einsatz von Recommendern auseinander. Der Online-Buchhändler Amazon.com wird hier häufig als Beispiel genannt. Mit welchen RCS-Verfahren bzw. -Algorithmen (Kapitel 2.2.4) dort konkret user-spezifische Produkt-Empfehlungen generiert werden, erklären u.a. Linden et al. (2003).

Mit dem Aufkommen des Mobile Business (Kapitel 2.1) und seiner neuen Möglichkeiten werden Empfehlungssysteme auch dort verstärkt eingesetzt. Ein interessantes Beispiel dafür schildert Brocco et al. (2008). Hier wird erläutert, wie Empfehlungssysteme sinnvoll in Fahrzeugen zum Einsatz kommen können. So ändert sich bei fahrenden PKWs ständig die aktuelle Kontext-Situation (vgl. Kapitel 2.3) – z.B. Wetter, Tankstand. Dieser dynamischen Umgebung muss bei der Empfehlungs-Generierung natürlich Rechnung getragen werden.

Mit der Theorie zur Einbeziehung von Kontext in Empfehlungssysteme (= CaRS) befassen sich u.a. Shepitsen et al. (2008). Sie präsentieren einen Ansatz, um Kontext in Form von ausgewählten Tags eines Benutzers auszunutzen. Kim und Kwon (2007) entwickelten hierzu ein inhaltsbasiertes Modell (vgl. Kapitel 2.2.4.1) für kontextadaptive Empfehlungen. Adomavicius et al. (2005) nähern sich diesem Aspekt im Rahmen des multidimensionalen Recommendation-Modells (Kapitel 3.1.1). Ebenso verdeutlichen sie, wie darauf dann in einem nächsten Schritt wieder klassische RCS -Algorithmen zur Empfehlungs-Ermittlung angewandt werden können (multidimensional-reduzierender Ansatz, Kapitel 3.1.2). Neben „harten" Kontext-Sensor-Informationen (wie z.B. den GPS-Koordinaten des aktuellen Nutzers) können auch „weiche" Kontext-Daten (wie z.B. das soziale Netzwerk eines Users) den Recommender Prozess verbessern. Diesem Aspekt widmen sich beispielsweise Wörndl und Groh (2007).

Wie bereits erwähnt, werden Recommender Komponenten meist dann eingesetzt, wenn eine große – für den Konsumenten nahezu unüberschaubare – Datenmenge vorliegt. Mit der Integration einer Kontext-Domäne in RCS erhöht sich nochmals der Rechenaufwand und das Datenvolumen. Das MapReduce-Programmier- bzw. Rechenmodell von Dean und Ghemawat (0612) untersucht die Möglichkeiten der Verteilung (Parallelisierung) des Rechenaufwands – der z.B. bei daten-intensiven Empfehlungssystemen entsteht – auf mehrere Geräte.

Mit dem wachsenden Vertrieb mobiler Applikation (Kapitel 2.1.5) über so genannte App-Shops oder SwSmP (Kapitel 2.1.6) kristallisiert sich dort ein neues Anwendungsgebiet für RCS heraus (vgl. steigende Angebots- bzw. Nutzer-Zahlen z.B. bei Android Market, Tabelle 3 in Kapitel 3.2.1). Als einer der ersten legen Böhmer et al. (2609) hier ihren Fokus. Sie schlagen einen Gestaltungsrahmen für (daten-intensive) CaRS vor (Kapitel 3.1.3). Außerdem wird dort ein erster Prototyp zur Personalisierung von SwSmP entwickelt.

Welche Bedeutung dabei die Ähnlichkeit zwischen der Kontext-Situation zum Zeitpunkt der Produkt- bzw. App-Bewertung und der aktuellen Nutzer-Kontext-Situation für die personalisierte Empfehlungs-Generierung hat, wird hier noch nicht näher beleuchtet. An dieser Stelle setzt die vorliegende Masterarbeit und der erarbeitete App-Prototyp (Kapitel 3.4) an.

1.2 AUFBAU DER ARBEIT

Mit nachfolgender Abbildung 1 wird der Aufbau der vorliegenden Master-Thesis verdeutlicht.

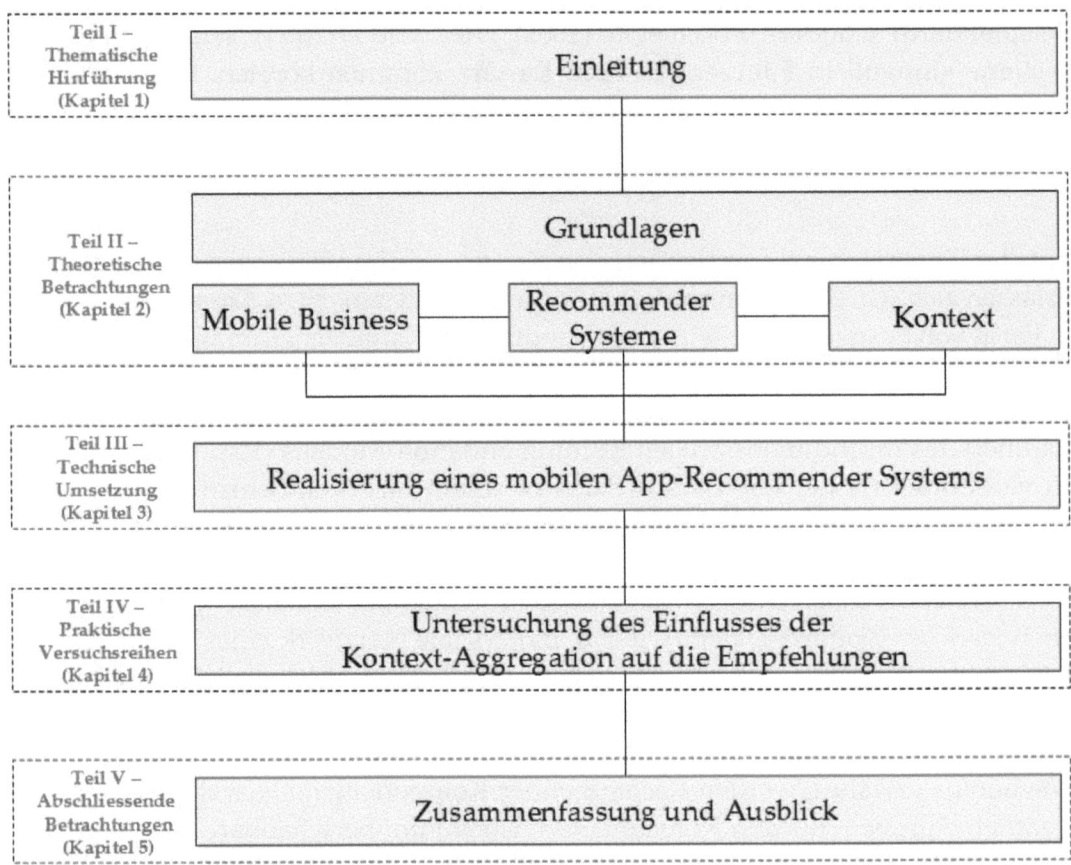

Abbildung 1: Aufbau der Arbeit

Wie hier zu sehen ist, untergliedert sich die Arbeit in fünf umfangreichere Einzelteile (I - V). Mit Teil I wird der Leser an die Thematik der Thesis herangeführt. Das darin enthaltene Kapitel 1 enthält Ausführungen zur Zielsetzung der Arbeit (Einleitung), zur themen-verwandten Literatur (Kapitel 1.1) und zu häufig auftauchenden Begrifflichkeiten bzw. Schlagwörtern (Kapitel 1.3) in diesem Zusammenhang.

Der zweite Teil beschäftigt sich mit den theoretischen Grundlagen eines kontext-sensitiven Empfehlungssystems – kurz: CaRS. Diese basieren auf den drei Säulen Mobile Business (Kapitel 2.1), Recommendersysteme (Kapitel 2.2) und Kontext (Kapitel 2.3). Für die praktische bzw. technische Umsetzung eines mobilen App-Recommendersystems auf Android-Basis (Kapitel 2.1.4.4) ist es notwendig die drei Säulen aus Kapitel 2 sinnvoll miteinander zu kombinieren. Ansätze und Rahmenbedingungen dafür werden in Kapitel 3.1 von Teil III erläutert.

In Teil III gehen Kapitel 3.2 und 3.3 dann einen Schritt weiter Richtung Praxis. Sie skizzieren die Besonderheiten der Android-Plattform bzw. die technischen Rahmenbedingungen der Prototyp-Entwicklung. Teil III wird abgeschlossen mit einer detaillierten Visualisierung bzw. Beschreibung von Aufbau und Ablauf der entwickelten App (Kapitel 3.4).

In Teil IV werden nun praktische Versuchsreihen mit der eben vorgestellten mobilen Anwendung durchgeführt (Kapitel 4). Für die Berechnung personalisierter Empfehlungen können App-Bewertungen anderer Nutzer aus gleichen oder ähnlichen Kontext-Situationen (vgl. Kapitel 2.3 bzw. 2.2.4.2) herangezogen werden. In welchem Maße Kontext-Situationen von bekannten Bewertungen als gleich oder ähnlich zu der des aktuellen Nutzers angesehen werden, ist hierbei eine entscheidende Frage. Ziel der Versuchsreihen ist es, anschaulich zu verdeutlichen, welch großen Einfluss die Ähnlichkeit der Kontext-Situationen von Nutzer und Bewertungen auf die daraus generierten Empfehlungen hat und klar zu machen, welche zentrale Rolle die Festlegung eines Ähnlichkeits-Schwellenwerts dafür spielt. Dazu werden die verwendeten Testdaten beleuchtet (Kapitel 4.1), die Durchführung der Versuchsreihen erklärt (Kapitel 4.2) und die Ergebnisse ausgewertet (Kapitel 4.3).

Abgerundet wird die Thesis durch die in Teil V gegebene Zusammenfassung und den Ausblick (Kapitel 5).

1.3 BEGRIFFLICHKEITEN

Wie schon in der Zielsetzung zu Beginn von Kapitel 1 deutlich wird, behandelt diese Arbeit ein noch recht junges Themengebiet der IT. Demzufolge tauchen in diesem Zusammenhang in den Medien und in der (Fach-)Literatur einige z.T. neue Schlagwörter (englisch: „buzzwords") auf. Da diese Begrifflichkeiten zwangsläufig im späteren Verlauf dieser Thesis auch auftauchen können, werden sie in diesem Unterkapitel kurz fachlich beleuchtet.

- INFORMATION RETRIEVAL SYSTEME (IR):
  „Information Retrieval Systeme dienen der Informationsgewinnung aus Texten, multimedialen Dokumenten, Fakten usw. Sie operieren in der Regel auf unstrukturierten Daten" (siehe Schneider und Werner 2007, S. 474, 475). Verfahren des Information Retrieval können z.B. bei inhaltsbasierten Recommendern Anwendung finden (Kapitel 2.2.4.1).

- PERSONALISIERUNG:
  „Komplexe Personalisierung [auch One-to-One Marketing genannt] bedeutet die Lieferung von individualisierten Inhalten an die Empfänger" (siehe Lammenett 2009, S. 82, 83). D.h. Empfehlungen für Applikationen, die dem Nutzer eines SwSmP ausgesprochen werden, sollten eben individuell auf die persönlichen Bedürfnisse und Anforderungen des aktuellen Users angepasst sein.

- CUSTOMER RELATIONSHIP MANAGEMENT (CRM):
  Unter CRM versteht man „[...] eine kundenorientierte Unternehmensstrategie, die mit Hilfe moderner Informations- und Kommunikationstechnologien versucht auf lange Sicht profitable Kundenbeziehungen durch ganzheitliche und differenzierte

6

Marketing-, Vertriebs- und Servicekonzepte aufzubauen und zu festigen" (siehe Hippner und Wilde 2006, S. 16). Auch das Benutzerprofil eines SwSmP-Nutzer (Kapitel 2.2.2) mit seinen Interessensgebieten (z.B. welche Apps findet er gut) kann hier also Teil eines CRM-Konzepts sein.

- MASS-CUSTOMIZATION:
  Ähnlich wie der verwandte Begriff *Personalisierung* zielt auch das Oxymoron *Mass Customization* auf die zunehmende Individualisierung der Nachfrage ab. Er verbindet die *„an sich gegensätzlichen Begriffe Mass Production und Customization"* (siehe Reichwald 2009, S. 225). Im Deutschen hat sich die Übersetzung *kundenindividuelle Massenproduktion* durchgesetzt. Tseng und Jiao (2001) bringen es auf eine kurze Formel: Für sie bedeutet Mass Customization *„producing goods and services to meet individual customer's needs with near mass production efficiency"*. In unserem Fall entsprechen die App-Empfehlungen der Software Shops den Produkten in dieser Definition.

Teil II

THEORETISCHE BETRACHTUNGEN

GRUNDLAGEN

Mit den vorherigen Kapiteln wurde das Thema der vorliegenden Arbeit eingeführt. Nun folgt eine Auseinandersetzung mit den nötigen theoretischen Grundlagen. Diese basieren auf drei Säulen (vgl. Abbildung 1):

- Das Electronic Business und seine Anwendungen – wie z.B. Empfehlungssysteme (Kapitel 2.2) – ist eine sehr bekanntes und gut erforschtes Fachgebiet der Wirtschaftsinformatik. Durch die Verbreitung mobiler Datenübertragunstechniken und mobiler Endgeräte entstand daraus das recht junge Teilgebiet Mobile Business. So beschäftigt sich Kapitel 2.1 mit den dafür notwendigen fachlichen und technischen Fundamenten.

- Wie bereits unter 1.1 erwähnt, werden nun mehr und mehr bekannte E-Business-Anwendungen auch für den Betrieb auf mobilen Endgeräten adaptiert. Darunter befinden sich u.a. auch die im Electronic Business weit verbreiteten Recommendersysteme. Kapitel 2.2 liefert dazu den fachlichen Hintergrund.

- Die folgende Abbildung 2 zeigt aber auch, dass Mobile Business nicht nur eine „*PC-unabhängige Form des Electronic Business*" (siehe Wirtz 2001, Seite 43) ist. Tatsächlich sind im M-Business zusätzliche Dienste und Inhalte möglich, welche im E-Business noch nicht denkbar bzw. technisch nicht verfügbar waren. So können E-Business-Anwendungen – wie etwa RCS – im Mobile Business auf zusätzliche Eigenschaften – wie z.B. den Nutzer-Kontext – zurückgreifen. Kapitel 2.3 beleuchtet abschließend was sich genau hinter dem Begriff Kontext verbirgt.

2.1 MOBILE BUSINESS

Die erste grundlegende Säule dieser Arbeit beschäftigt sich mit dem Gebiet des Mobile Business (Abbildung 1 aus Kapitel 1.2). Aufgrund der großen Leistungssprünge bei den kabellosen Datenübertragungstechniken (Kapitel 2.1.2) und bei den mobilen Endgeräten (Kapitel 2.1.3) in den letzten Jahren gewinnt diese Thematik mehr und mehr an Bedeutung. Eine Vielzahl der aus dem „*stationären*" Internet bekannten Anwendungen – wie die in Kapitel 2.2 thematisierten Recommendersysteme – finden nun auch verstärkt ihren Weg in Form von SwSmP bzw. Apps auf die Smartphones bzw. ins mobile Internet.

Im Folgenden (Kapitel 2.1.1) sollen zentrale Begriffe des Mobile Business geklärt und von einander abgegrenzt werden. Die für das Mobile Business nötigen technischen Grundlagen – wie z.B. Netzwerke und mobile Endgeräte – stehen zunächst im Mittelpunkt der Kapitel 2.1.2 und 2.1.3. Diese werden von einem Betriebssystem gesteuert bzw. verwaltet. Kapitel 2.1.4 gibt einen Überblick über vier bekannte mobilen Plattformen. Das führt dann zu den für ein solches mobiles Betriebssystem konzipierten (mobilen) Applikationen (Kapitel 2.1.5) und den Vertrieb über die so genannten Software-Shops für mobile Plattformen – kurz SwSmP (Kapitel 2.1.6).

2.1.1 Zentrale Definitionen und Abgrenzung

Als Einstieg in dieses Grundlagen-Thema sollen die theoretischen, wissenschaftlichen Fundamente verständlich gemacht werden. Im Gegensatz zu den einleitend in Kapitel 1.3 erwähnten Fach-Termini werden im Folgenden übergeordnete Sammel- bzw. Grundbegriffe wie Electronic Business, Electronic Commerce, Mobile Business, und Mobile Commerce erläutert und zur besseren Themeneinordnung voneinander abgegrenzt (Abbildung 2).

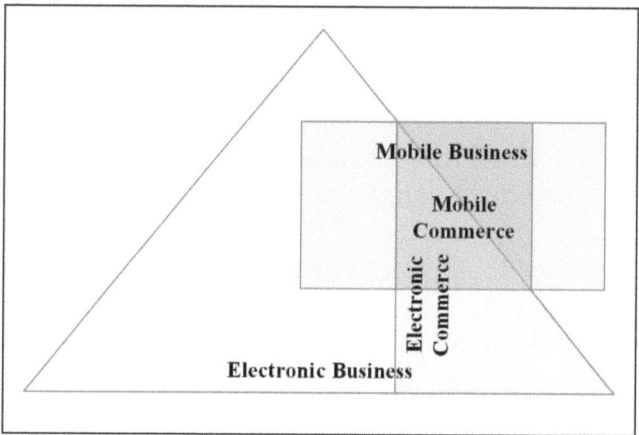

Abbildung 2: Verhältnis der Fachbegriffe im Electronic Business zueinander (entnommen von Buse 2008a, S. 36)

ELECTRONIC BUSINESS Wirtz versteht unter Electronic Business die *„Anbahnung sowie die teilweise respektive vollständige Unterstützung, Abwicklung und Aufrechterhaltung von Leistungsaustauschprozessen mittels elektronischer Netze"* (siehe Wirtz 2001, Seite 34). Oder kürzer: Electronic Business ist *„jeder Prozess, der seitens einer geschäftlichen Organisation über computervermittelte Netzwerke vorgenommen wird"* (siehe Buse 2008a, S. 26). Dazu gehören u. a. folgende Vorgänge:

- Aufbau und Unterhaltung von Kundenbeziehungen,
- Electronic Commerce,
- Auftragsabwicklung,
- Sendungsverfolgung,
- Eingangs- und Ausgangslogistik,
- Lagerhaltungskontrolle,
- Finanz-, Budget- und Kontenbuchführung,
- Personalwesen,
- Kundendienst,
- Reparaturservice,

- Forschung und Entwicklung sowie
- Wissensmanagement

ELECTRONIC COMMERCE Die beiden Begriffe Electronic Business (im Folgenden nur noch kurz E-Business genannt) und Electronic Commerce (kurz E-Commerce) werden häufig gleichbedeutend verwendet. Während E-Business alle Geschäftsprozesse , *„die über das Internet oder über ein firmeneigenes Netzwerk – das Intranet – abgewickelt werden"* (siehe Kirn 2002, Seite 11-12), umfasst, versteht man unter E-Commerce lediglich Präsentation und Absatz von Waren oder Dienstleistungen samt Abwicklung der Transaktion und Zahlung. *„Auch der Austausch weitergehender Informationen für einen umfassenden Kundennutzen und Service sind mit eingeschlossen. E-Commerce ist folglich eine Teilmenge* [Abbildung 2] *von E-Business"* (siehe Kirn 2002, S. 11-12).

Im E-Business sieht Wirtz neben dem E-Commerce u. a. noch die Aktivitäten E-Information / E-Entertainment, E-Education, E-Communication und E-Collaboration (siehe Wirtz 2001, S. 39). Auf diese Teilbereiche wird in der vorliegenden Arbeit nicht näher eingegangen.

Am Electronic bzw. Mobile Commerce sind Leistungsanbieter (Händler) und Leistungsnachfrager (Konsumenten, Kunden, Käufer) beteiligt. Beide Geschäftspartner sind juristische Personen und gehören immer zu einer der folgenden Kategorien (vgl. Merz 2002, S. 22):

- natürliche Personen (Consumer)
- Organisationen (Business) – z.B. Unternehmen, Vereine
- staatliche Körperschaften (Administration) – z.B. Behörden, Ministerien

Je nachdem, zu welcher dieser Ausprägungen die beiden Beteiligten gehören, kann es zu unterschiedlichen Formen einer solchen Zweierbeziehung kommen. Abbildung 3 zeigt die dabei möglichen Beziehungsformen.

		Leistungsnachfrager		
		Consumer	Business	Administration
Leistungsanbieter	**Consumer**	Consumer-to-Consumer (C2C) z.B. Kleinanzeige auf einer persönlichen Homepage	Consumer-to-Business (C2B) z.B. Webseite mit persönlichem Fähigkeits-profil	Consumer resp. Citizen-to-Administration (C2A) z.B. Bürger bewertet öffentliches Umwelt-projekt
	Business	Business-to-Consumer (B2C) z.B. Produkte und Dienst-leistungen in einem eShop	Business-to-Business (B2B) z.B. Bestellung bei Lieferanten (Supply Chain)	Business-to-Administration (B2A) z.B. elektronische Dienst-leistungen für öffentliche Verwaltungen
	Administration	Administration-to-Consumer resp. Citizen (A2C) z.B. Möglichkeit für elektronische Wahlen	Administration-to-Business (A2B) z.B. öffentliche Ausschreibung von Projektvorhaben	Administration-to-Administration (A2A) z.B. Zusammenarbeits-formen virtueller Gemeinden

Abbildung 3: mögliche Beziehungsformen im E-Commerce (entnommen von Meier und Stormer 2008, S. 3)

Mit dieser Arbeit befinden wir uns größtenteils in der Beziehungsform des Business-to-Consumer (B2C) – private Endnutzer erwerben über einen SwSmP mobile Applikationen für den privaten Gebrauch (siehe Kapitel 2.1.6). Da Apps aber auch mehr und mehr im geschäftlichen Umfeld zum Einsatz kommen (z.B. für die mobile Zeiterfassung oder als Navigationshilfe für Geschäftster-mine), ist auch der Bereich Business-to-Business (B2B) möglich. In diesem Fall tritt die Firma als Kunde eines App-Entwicklers oder eines SwSmP auf und erwirbt dort passende Software für die Mobiltelefone der Mitarbeiter.

MOBILE BUSINESS *„Der Begriff Mobile Business oder M-Business umfasst alle Aktivitäten, Prozesse und Applikationen, welche mit mobilen Technologien realisiert werden kön-nen. Beim M-Business finden die Geschäftsbeziehungen mittels mobiler Geräte statt. M-Business kann als Untermenge des E-Business* [siehe Abbildung 2] *verstanden werden, wobei Informationen beim M-Business zeitunabhängig und ortsunabhängig zur Verfügung stehen"* (siehe Meier und Stormer 2008, S. 211). Oder kurz und prägnant: M-Business ist die *„PC-unabhängige Form des Electronic Business"* (sie-he Wirtz 2001, S. 43).

Lehner et al. (2008) rechtfertigen aufgrund der unterschiedlichen Technologien und unterschiedlicher Geschäftsmodelle aber eine Unterscheidung zwischen E-Business und M-Business. *„Mobile Endgeräte besitzen eine Reihe spezifischer Eigenschaften, die eine Differenzierung der Geschäftsmodelle notwendig und möglich machen:*

- *Mobilität – die Benutzer haben an jedem Ort und zu jeder Zeit Zugang zu mobilen Netzen.*
- *Erreichbarkeit – die Benutzer sind jederzeit erreichbar.*
- *Lokalisierung – mobile Geräte können lokalisiert werden.*

- *Identifikation – mobile Geräte sind einzelnen Benutzern eindeutig zugeordnet"*
(siehe Lehner et al. 2008, S. 312).

Aufgrund dieser speziellen Eigenschaften der mobilen Endgeräte (siehe auch Abbildung 8) ist Mobile Business nicht nur – wie oben angesprochen – als Teilmenge oder Erweiterung des Electronic Business anzusehen. Tatsächlich bietet es *„zusätzlich einige neue, einzigartige Dienste wie orts- und situationsabhängige Inhalte "* (siehe Buse 2008a, S. 32) – z.B. location-based Services. In Abbildung 2 wird dieser Sachverhalt durch eine nicht exakte Überlappung des M-Business durch das E-Business Rechnung getragen.

MOBILE COMMERCE Ähnlich wie die Begriffe E-Business und E-Commerce werden auch Mobile Business und Mobile Commerce in Wissenschaft und Praxis gerne synonym verwendet. Inhaltliche Übereinstimmung besteht dahingehend, dass bei beiden Fachtermini mobile Endgeräte und Mobilfunk- bzw. andere drahtlose Netze zum Einsatz kommen. Man sieht im Mobile Commerce streng genommen eine konsumentenorientierte Teilmenge (z.B. Handelstransaktionen; Abbildung 2) des Mobile Business (vgl. Reichardt 2008, S. 129, 130). Das M-Commerce umfasst demnach *„jede Transaktion, die mit einer Übertragung von Eigentums- oder Nutzungsrechten verbunden ist und über die Nutzung eines mobilen Zugangs zu computervermittelten Netzwerken per elektronischem Endgerät angebahnt und/oder beendet wird"* (siehe Buse 2008a, S. 34).

Das Verhältnis zum korrespondierenden Begriff E-Commerce ist ähnlich wie das Verhältnis der Begriffe E- und M-Business untereinander (vgl. Abb. 2). Auch hier gibt es Dienste, die sowohl im E- als auch im M-Commerce einsetzbar sind. Darüberhinaus gibt es aber auch reine M-Commerce-Anwendungen (–> keine exakte Überlappung von E- und M-Commerce in Abbildung 2). Das Fachgebiet Mobile Commerce ist demzufolge sehr vielschichtig und bietet eine Vielzahl von Anwendungen. Tabelle 1 stellt einige der möglichen Dienste im M-Commerce dar. Die in mobilen Applikationen (Kapitel 2.1.5) und ihr Vertrieb via App Stores/ (Kapitel 2.1.6) fallen hier unter die M-Commerce--Anwendung Mobile Shopping.

Anwendungsbereiche	Beispiele möglicher Dienste
Mobile Ticketing	o Fahrscheine: öffentlicher Personennahverkehr, Flug- und Fernbahnverkehr o Eintrittskarten: Sport- und Kulturveranstaltungen o Zahlungsbeleg: Mobile Payment
Mobile Entertainment	o Download mobiler Spiele o Download von Musik und Klingeltönen o Herunterladen von Videos und Hintergrundbildern
Mobile Informationsdienste	o Mobiler Zugriff auf redaktionelle Inhalte o Zugriff auf Datenbanken mit redaktionell aufbereiteten Informationen
Mobile Banking	o Mobile Kontoführung o Mobile Brokerage
Mobile Marketing	o Direktmarketing o Permission Marketing o Mobile Couponing
Mobile Shopping	o Kauf von Gütern und Diensten über mobile Endgeräte
Telematik-Dienste	o Ferndiagnose und Fernwartung o Navigationsdienste o Fahrzeugtracking und Diebstahlschutz o Ortung von Personen o Notruf- und Pannenservice

Tabelle 1: Anwendungsbereiche und Dienste im Mobile Commerce (entnommen von Buse 2008b, S. 69)

2.1.2 Netzwerke und Infrastrukturen

„Die Verfügbarkeit leistungsfähiger Übertragungstechniken" (siehe Gläßer 2003, S. 195) stellt eine der wesentlichen Grundlagen für den großen Erfolg mobiler Anwendungen (Kapitel 2.1.5) dar. Im Laufe der Zeit haben sich die Mobilfunk-Standards[1] immer weiter entwickelt. Häufig wird dabei von den Generationen 1G bis 4G gesprochen – schematisch charakterisiert in Abbildung 4.

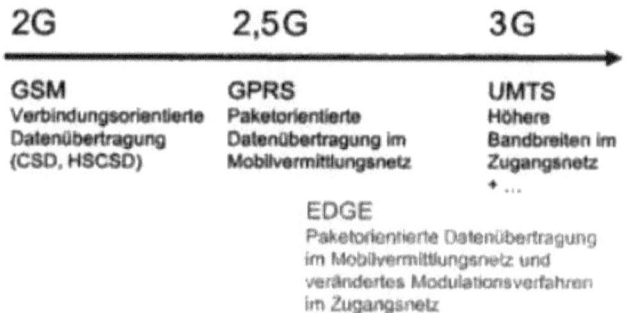

Abbildung 4: Generationenfortschritt der Mobilfunk-Standards (siehe Turowski und Pousttchi 2004, S. 36)

Von Generation zu Generation kam es zu erheblichen Fortschritten bei den Übertragungsraten. Dies zeigt auch Abbildung 5 – bei der die benötigte Zeit für den Download eines vier Megabyte (MB) großen Datenpakets in der jeweiligen Technologie dargestellt ist.

---

1 Mobilfunk-Standard = *„Kategoriebegriff für die Normen und Regelungen, auf die Systeme zur mobilen Kommunikation über die Luft aufbauen"* (siehe Autor 2312).

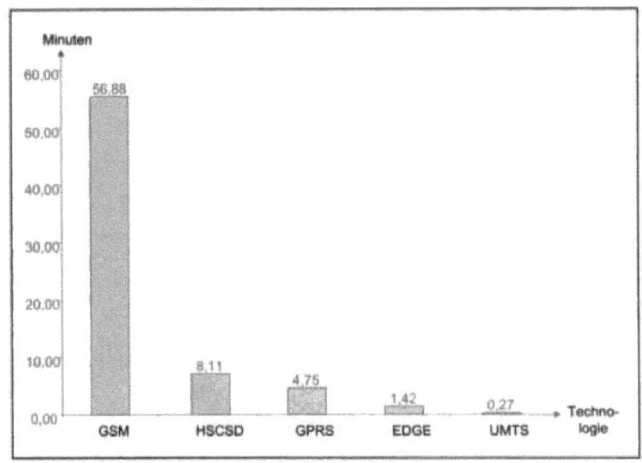

Abbildung 5: Übertragungsdauer im Vergleich bei 4 MB-Download (siehe Wirtz 2001, S. 49)

2.1.2.1 GSM

ANFÄNGE DES MOBILFUNKS

Die Anfänge des Mobilfunks (1G) beruhten noch auf einer *„analogen Netztechnologie und nutzten das Prinzip der Leitungsvermittlung, wie man es auch aus dem analogen Festnetz kennt"* (siehe Bieh 2008, S. 18, 19). Der Einstieg in den digitalen Mobilfunk (2G) gelang über den Standard GSM (Global System for Mobile Communications) im Jahr 1993 (vgl. Alby 2008, S. 7, 8). Durch die Digitalisierung des Signals ermöglicht GSM neben der Sprach- auch die Datenübertragung. Mittlerweile hat sich GSM zum führenden Mobilfunk-Standard weltweit entwickelt: 82% der heutigen Mobilfunktelefone unterstützen diese Technologie (vgl. Alby 2008, S. 7, 8).

TECHNISCHE GRUNDLAGEN VON GSM

Ein GSM-Netz ist in Felder – so genannte Zellen – eingeteilt. Jede Zelle ist einer Basisstation zugeordnet. Ein mobiles Gerät verbindet sich immer mit der Basisstation – auch Base Transceiver Station oder kurz BTS (siehe Alby 2008, S. 196, 197) genannt – die den besten Funkkontakt ermöglicht (Koordinatenübertragung). Beim Telefonieren werden – im Gegensatz zum Radio – Daten in beide Richtungen übertragen (Sprechen und Hören). Aus diesem Grund trennt GSM die Frequenzen in Hin- und Rückrichtung (Uplink und Downlink). So verwendet beispielsweise das GSM900-Netzwerk das Frequenzband zwischen 890 und 915 MHz für die Kommunikation vom mobilen Gerät zur BTS und das Band von 935 bis 960 MHz für die Kommunikation von der Basisstation zum mobilen Gerät. Darüber hinaus arbeitet GSM noch in den Frequenzbereichen 1800 und 1900 MHz (vgl. Grob et al. 2004, S. 117). Damit ist auch gesichert, dass es zu keiner Überschneidung (Kollision) mit anderen Diensten kommt, denn UKW (Radio) beispielsweise nutzt den Frequenzbereich von 87 bis 107 MHz (vgl. Meier und Stormer 2008, S. 214, 215).

EIGENSCHAFTEN VON GSM

Das GSM-Netz gilt als relativ sicher gegenüber Hacker-Angriffen. Dies wird durch eine verschlüsselte Datenübertragung ermöglicht. Zur Authentifizierung und Verschlüsselung verwendet GSM den geheimen Schlüssel auf der SIM-Karte eines jeden

Nutzers. Dieser Schlüssel kann nicht ausgelesen werden (vgl. Meier und Stormer 2008, S. 216). Neben den eigentlichen Daten (z.B. gesprochene Worte) werden auch immer die Koordinaten der Zelle (siehe oben Koordinatenübertragung) übertragen in denen sich das mobile Endgerät befindet. Damit können mit dem GSM-Netz so genannte Location Based Services realisiert werden (vgl. Breymann und Mosemann 2008, S. 12). So könnte das Mobiltelefon beispielsweise den Standort der nächstgelegenen Tankstelle anzeigen.

WEITERENTWICKLUNGEN VON GSM
Hinsichtlich der Übertragungsraten wurde GSM weiterentwickelt (siehe Abbildung 5). *„Zu den weiteren wichtigen GSM-Diensten zählen High Speed Circuit Switched Data (HSCSD), General Packet Radio Service (GPRS), und Enhanced Data Rate for GSM Evolution (EDGE). Sie erlauben, ein mobiles Gerät mit dem Internet zu verbinden"* (siehe Meier und Stormer 2008, S. 216).

GSM → GPRS
Mit der 2,5G-Mobilfunkgeneration GPRS (vgl. Abbildung 4) wurde der Wandel von einem rein auf Sprachübertragung optimierten Mobilfunknetz (GSM) hin zu einem ersten Datennetz vollzogen (vgl. Seitz 2007, S. 5). *„GPRS basiert auf GSM und ermöglicht durch neue Kodierungsverfahren und Kanalbündelung Datenübertragungen im Mobilfunknetz mit höherer Geschwindigkeit [...]. GPRS basiert auf paketvermittelter Datenübertragung und erlaubt eine maximale Datenübertragungsrate von 160 kBit/s"* (siehe Welfens 2005, S. 127). Aktuell ist GPRS auch noch der *„meistgenutzte Übertragungsdienst für Daten im Mobilfunk"* (siehe Bieh 2008, S. 19).

Diese direkte Vorgängertechnologie von UMTS (Kapitel 2.1.2.2) überträgt, wie im Internet üblich, einzelne Datenpakete. Eine dauerhafte Verbindung zwischen Sender und Empfänger – wie bei der verbindungsorientierten Datenübertragung mit GSM – existiert hier nicht. Damit ist gerade bei Internet-typischem stark unregelmäßigem Datenaufkommen eine effizientere Ausnutzung des Frequenzspektrums gewährleistet. Das GPRS-Telefon kann immer im Netz eingeloggt – d.h. always on – sein. Dabei wird nicht wie bisher die Verbindungszeit, sondern das Volumen der übertragenen Datenpakete bezahlt (vgl. Wirtz 2001, S. 48).

MOBILITÄTSMANAGEMENT (HANDOVER)
Einige Besonderheiten sind bei der mobilen Nutzung des Internets über ein Smartphone (Kapitel 2.1.3) zu beachten (= Mobilitätsmanagement). *„Bewegt sich ein mobiler Nutzer von einer Zelle in eine benachbarte Zelle, wird die Basisstation gewechselt [siehe Technische Grundlagen von GSM, S. 15]. Dies geschieht dynamisch, ohne Wissen des mobilen Nutzers"* (siehe Meier und Stormer 2008, S. 215). Befindet sich der Nutzer dabei in einem Gespräch oder nutzt gerade das Internet (z.B. mittels GPRS-Datenübertragung), erfolgt der Wechsel ohne Unterbrechung der Dienstnutzung. Dieser Wechsel der BTS innerhalb der gleichen Technologie (z.B. von GPRS zu GPRS) wird als horizontaler Handover bezeichnet (vgl. Tabery 2007, S. 12).

Beim Einbuchen zu einer BTS wird dem Smartphone eine temporäre Kennung und danach eine dem verwendeten Vermittlungsprotokoll entsprechende Adresse (z.B. IP-Adresse) zugewiesen. Das mobile Endgerät und die BTS-Komponenten verfügen dann „*über einen so genannten Packet Data Protocol-Kontext, in dem das verwendete Protokoll (z. B. IP), die dazu gehörende Adresse (z. B. 129.187.111.13), die gewünschte Dienstgüteklasse und die Adresse des GGSN*[2] *vermerkt sind*" (siehe Seitz 2007, S. 285, 286). Beim bewegungsbedingten Wechsel der BTS ändert sich dieser Kontext. Die IP-Adresse muss sich dabei nur dann ändern, „*wenn diese Basisstationen in unterschiedlichen IP-Netzen liegen. Findet der Handover zwischen zwei Basisstationen des selben Anbieters statt, sind diese meist auch im Sinne der Netztopologie nicht weit voneinander entfernt [...]. Wechselt der Teilnehmer zwischen IP-Netzen mit verschiedenen Zugangstechnologien [z.B. von GPRS zu UMTS] , bezeichnet man das als vertikalen Handover*" (siehe Tabery 2007, S. 12).

2.1.2.2 *UMTS*

UMTS ALS WEGBEREITER DES MOBILE BUSINESS
Der Nachfolger von GSM (Kapitel 2.1.2.1) ist der UMTS (Universal Mobile Telecommunications System) Standard (3G). Sein Vorgänger erreichte bei der Übertragung von Daten nur eine Geschwindigkeit von 9.600 Bit/s – mit UMTS sind bis zu 2 MBit/s (bei stationärem Betrieb) möglich (siehe Grob et al. 2004, S. 117). Dem Mobile Business werden damit vielfältigere und höherwertigere Anwendungen ermöglicht (z.B. effizientere Verarbeitung von Daten und/oder Übertragung von Audio- oder Video-Daten – vgl. auch Tabelle 1).

VERFÜGBARKEIT VON UMTS
Der UMTS-Standard baut nicht auf dem GSM-Netz auf (u.a. anderer Frequenzbereich), „*sondern benötigt eine völlig neue Infrastruktur und kann aus diesem Grund nur auf entsprechenden Geräten mit UMTS-Unterstützung benutzt werden*" (siehe Bieh 2008, S. 20). Aus Abbildung 6 wird des Weiteren deutlich, dass in Deutschland die Verfügbarkeit des UMTS-Netzes noch nicht so groß ist, wie die des GSM-Netzes. Aufgrund dieser beiden Tatsachen werden beide Netze momentan noch parallel betrieben (vgl. Meier und Stormer 2008, S. 216).

---

2 GGSN = Gateway GPRS Support Node = neue GPRS-Netzwerkkomponente (vgl. Seitz 2007, S. 285)

GSM/GPRS/EDGE

UMTS/HSDPA

Abbildung 6: Verbreitung/Verfügbarkeit des GSM- und UMTS-Netz in Deutschland
(entnommen von Autor 2010a) – Stand: 17.11.2010

OPTIMIERUNG BZW. NACHFOLGE VON UMTS

*„UMTS erreicht den Geschwindigkeitszuwachs im Vergleich zu GSM durch einen breiteren
Frequenzabstand. Dieser beträgt bei GSM 200 KHz und bei UMTS 5 MHz, also das
25-fache"* (siehe Meier und Stormer 2008, S. 217). Durch das HSDPA (High Speed
Downlink Packet Access) Verfahren erfährt der UMTS-Standard weitere Optimie-
rungsansätze und Geschwindigkeitsverbesserungen.

Auch steht mit LTE (Long Term Evolution) bereits ein neuer Mobilfunk-Standard
in den Startlöchern (vgl. im Folgenden Bremmer 1211). Mit dieser 3,9G-Technik
(Abbildung 4) sollen Übertragungsgeschwindigkeiten von bis zu 300 Mbit/s (Downlink) bzw. 75 Mbit/s (Uplink) möglich werden. Experten gehen davon aus, dass in
Deutschland bereits im zweiten Halbjahr 2010 erste Netze dieser neuen Mobilfunk-
technik nutzbar sein könnten[3]. Die passenden Endgeräte (Hardware) dafür werden
auch schnell auf den Markt kommen.

2.1.2.3 *Wireless Local Area Network (WLAN)*

Eine weitere Möglichkeit mit dem Handy Zugang zum Internet zu erhalten, ist die
Nutzung eines Wireless Local Area Network (kurz: WLAN). Dafür muss das mobile
Endgerät hardware-seitig mit einem WLAN-Modul (Netzwerkkarte) ausgestattet
sein. Ist dies gewährleistet, so kann sich das Handy – wie von Notebooks und PCs

---

3 Informationen zur aktuellen LTE-Verfügbarkeit in Deutschland z.B. unter: http://www.ltemobile.de/
lte-verfuegbarkeit/

bekannt – mit einem lokalen Zugangsknoten (Access Point) verbinden (erfordert meist eine Authentifizierung) und somit Zugriff auf ein Funknetz (z.B. Internet oder Intranet) erhalten (siehe Abbildung 7). Dies setzt voraus, dass sich der Nutzer mit dem mobilen Endgerät in Reichweite eines dieser Zugangsknoten befindet. Die typische Reichweite eines kabellosen Funknetzes vom Access Point aus beträgt bis zu 30 Meter innerhalb und 300 Meter außerhalb von Gebäuden – abhängig von den räumlichen Verhältnissen (vgl. Turowski und Pousttchi 2004, S. 49). Die WLAN-Technologie ist also unabhängig von den vorher beschriebenen Mobilfunknetzen (Kapitel 2.1.2.1 bzw. 2.1.2.2).

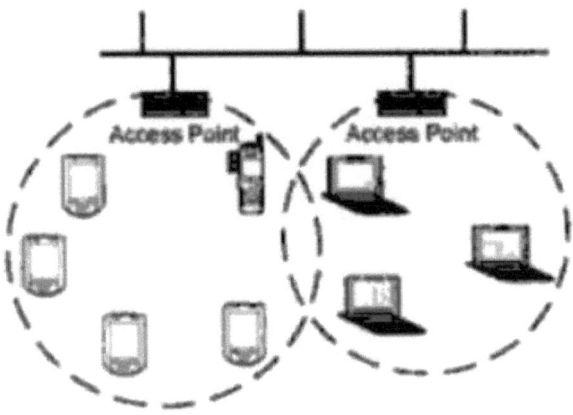

Abbildung 7: WLAN mit mobilen Endgeräten (entnommen von Turowski und Pousttchi 2004, S. 50)

2.1.3 Mobile Endgeräte

Personal Digital Assistants (kurz: PDAs) und Smartphones liefern die technologisch-hardwaremäßige Grundlage (siehe auch Komponente „*Devices*" im mobilen Öko-system in Abbildung 9) für die in dieser Arbeit schwerpunktmäßig thematisierten mobilen Applikationen (Kapitel 2.1.5) und ihre SwSmP (Kapitel 2.1.6). Es handelt sich dabei um eine besondere Form mobiler Endgeräte. Abbildung 8 stellt Smart-phones und PDAs anderen mobilen Endgeräten hinsichtlich ihrer Lokalisierbarkeit, Erreichbarkeit und Ortsunabhängigkeit gegenüber.

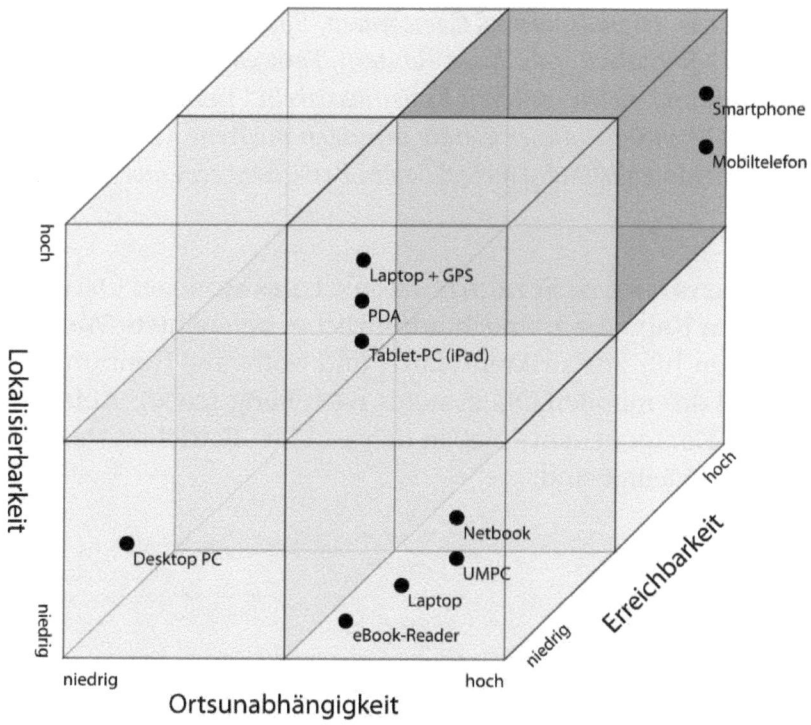

Abbildung 8: Klassifizierung mobiler Endgeräte hinsichtlich der Dimensionen
Lokalisierbarkeit, Erreichbarkeit und Ortsunabhängigkeit (entnommen von
Tschersich 0903)

PERSONAL DIGITAL ASSISTANTS (kurz PDAs)
PDAs sind kleine handgroße Computer (z.T. noch ohne Telefon-Funktion), welche
Organisationsapplikationen (wie z.B. Kalender, Adressbuch, Textverarbeitung, Tabellenkalkulation, etc.) sowie zum Teil auch Internetzugang zur Verfügung stellen
(vgl. Alby 2008, S. 205).

SMARTPHONES
Die Smartphones werden als Weiterentwicklung der PDAs charakterisiert – als
„PDAs mit erweiterter (Telefon-)Funktionalität" (siehe Bieh 2008, S. 21 - 23). Diese
waren zunächst im Geschäftsleben verbreitet, finden jetzt aber auch bei Privat-
personen großen Anklang (vgl. auch Statistik-Tabelle 3 in Kapitel 3.2.1). Die Geräte
bieten meist ein größeres Display und bessere Eingabemöglichkeiten (wie etwa
QWERTZ-Tastatur oder Touchscreen- /Stifteingabe) im Vergleich zu herkömmlichen Mobiltelefonen. Der Hauptunterschied besteht aber darin, dass Smartphones
„über ein echtes Betriebssystem (siehe Kapitel 2.1.4) *und eine standardisierte Program-
mierschnittstelle verfügen"* (siehe Fuchß 2009, S. 20).

2.1.4 *Mobile Plattformen (Betriebssysteme)*

Eingebettete Systeme (wie z.B. mobile Endgeräte, siehe Kapitel 2.1.5) und ihre (mobilen) Betriebssysteme sind meist *„in öffentlichen Diskussionen unterrepräsentiert"* (siehe
Marwedel 2008, S. 5). Dieses Schattendasein führen sie jedoch zu unrecht. So kon-
statiert Tanenbaum (2009), dass *„mehr als 90 Prozent der CPUs weltweit [...] sich nicht
in Desktops oder Notebooks, sondern in eingebetteten Systemen (vgl. Kapitel 2.1.5) wie*

Mobiltelefonen, PDAs, Digitalkameras, Camcordern, Spielautomaten, iPods, MP3-Playern,
CD-Spielern, DVD-Rekordern, kabellosen Routern, Fernsehgeräten, GPS-Empfängern, La-
serdruckern, Autos und vielen weiteren Konsumartikeln" befinden (siehe Tanenbaum
2009, S. 1066). *„Die meisten dieser Geräte benutzen moderne 32-Bit- oder 64-Bit-Chips*
und fast alle führen ein vollständig ausgebildetes Betriebssystem aus" (siehe Tanenbaum
2009, S. 1066).

MOBILE BETRIEBSSYSTEME IM SCHICHTENMODELL DES MOBILEN ÖKOSYSTEMS

Der im folgenden Kapitel 2.1.5 noch auführlicher beleuchtete Wandel von eingebetteten Systemen hin zur strikten Hard- und Software-Trennung zeigt sich im
Schichtenmodell des mobilen Ökosystems nach Fling (2009): Abbildung 9 macht
deutlich, welche Komponenten – neben den mobilen Betriebssystemen (Operating
systems) – daran beteiligt sind.

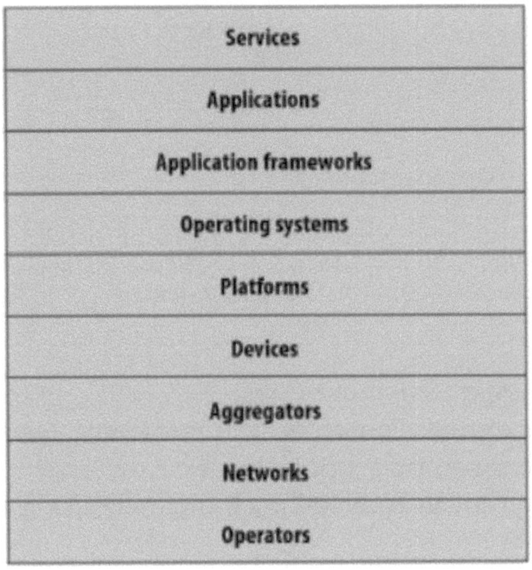

Abbildung 9: Übersicht über Schichten im mobilen Ökosystem (entnommen von Fling
2009, S. 14)

Als Basisschicht dienen dabei die Telefongesellschaften (Operators), die ein funk-
tionierendes Mobilfunknetz bereitstellen (vgl. Fling 2009, S. 14). In Deutschland
wären dies z.B. T-Mobile, O2, Vodafone oder E-Plus. Die nächste Schicht sind für
ihn die Netzwerke (Networks). So kann eine Telefongesellschaft z.B. GSM-, GPRS-
oder UMTS-Netze anbieten (Kapitel 2.1.2). Auch können zwischen Endkunden
und Telefongesellschaften so genannte Zwischenhändler (Aggregators) agieren. Ein
Beispiel aus dem deutschen Markt wäre hier Aldi Talk. Hinter dem Mobilfunk-
Engagement des Lebensmittel-Discounters Aldi verbirgt sich z.B. Eplus (siehe CHIP
Xonio Online GmbH 2406).

Die bisherigen Stufen haben sich eher mit der anbieterseitigen Hardware befasst. Ab
der Stufe Endgeräte (Devices) wird der Fokus auf die Hardware bei den Endkunden,
also auf mobile Endgeräte (Kapitel 2.1.3) gelegt. Dabei wird darauf geachtet von welchem Hersteller (z.B. Nokia, Apple, ...) und welchem Typ das Smartphone ist. Einen
Detaillierungsgrad weiter gehen die Ebenen Plattformen bzw. Betriebssysteme (Plat-
forms/Operating Systems). Dort werden die Besonderheiten der Betriebssysteme

bei den mobilen Endgeräten (Kapitel 2.1.4.1, 2.1.4.2, 2.1.4.3 und 2.1.4.4), beleuchtet.

Für Anwendungs-Entwickler ist die Application Framework Schicht in Abbildung 9 relevant. Beispiele für solche Programmiergerüste bzw. SDKs für bestimmte Anwendungen (z.B. mobile Applikationen – Kapitel 2.1.5) sind das Android SDK (Kapitel 3.2), Java ME oder .Net mit ihren speziellen Funktionen und Bibliotheken. Die mit Hilfe der Application Frameworks erstellten Systeme und Anwendungen finden sich dann auf den abschließenden Ebenen Applications bzw. Services.

UNTERTEILUNG MOBILER BETRIEBSSYSTEME
Mobile Betriebssysteme lassen sich nach ihrem Vertriebsmodell unterscheiden (vgl. im Folgenden Fling 2009, S. 20, 21):

- PROPRIETÄRE BETRIEBSSYSTEME (wie z.B. iPhone OS oder BlackBerry OS – Kapitel 2.1.4.2, 2.1.4.3) sind nur auf Endgeräten bestimmter Hersteller lauffähig. Zumeist wurden diese Betriebssysteme auch vom Hardware-Hersteller selbst entwickelt und halten sich somit auch nicht unbedingt an Standards. Ebenso gewähren die Hersteller proprietärer Betriebssysteme den Applikations-Entwicklern meist nur sehr begrenzte Zugriffe auf die System- bzw. Geräte-Ressourcen – wie z.B. auf den Betriebssystem-Quellcode – (vgl. Holzer 2009, S. 57).

- OPEN SOURCE BETRIEBSSYSTEME (wie z.B. Android – Kapitel 2.1.4.4) gewinnen für die Mobilfunkgeräte-Produzenten mehr und mehr an Bedeutung. Diese sind ohne Lizenzkosten frei verfügbar und deren Quellcode ist für jedermann einsehbar.

- LIZENSIERTE BETRIEBSSYSTEME (wie z.B. Symbian – Kapitel 2.1.4.1) werden von (unabhängigen) Software-Unternehmen entwickelt und gegen eine Lizenz-gebühr an einen Hardware-Hersteller zur Verwendung auf den Endgeräten verkauft. Diese Betriebssysteme werden zumeist mit Modifikationen an der Benutzeroberfläche auf unterschiedlichen Hardware-Plattformen eingesetzt.

INTEGRATIONSANSÄTZE DER PLATTFORM-HERSTELLER
Ein weiteres Klassifizierungsmerkmal mobiler Betriebssysteme ist ihr verfolgter Integrationsansatz. Einige Plattform-Hersteller konzentrieren sich voll und ganz auf ihre Kernaufgabe – nämlich die Bereitstellung eines mobilen Betriebssystems (inkl. Programmiergerüst für Entwickler = APIs) – während andere zusätzlich weitere Aufgaben aus der E-Business-Wertschöpfungskette übernehmen (vgl. Holzer 2009, S. 58, 59).

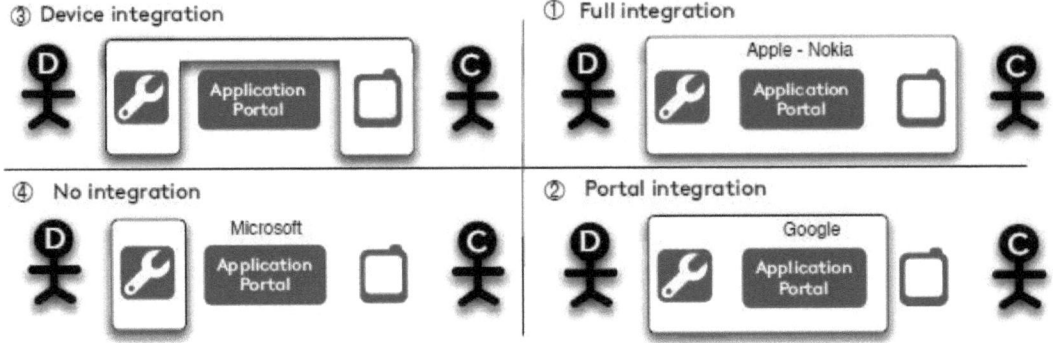

Abbildung 10: Integrationsansätze bei Plattform-Entwicklern (entnommen von Holzer 2009)

Je nach dem wie stark hier der Integrationsansatz ist (Abbildung 10), spricht man (im Englischen) von:

- FULL INTEGRATION – neben dem Betriebssystem stellt das Unternehmen (z.B. Apple oder Nokia – Kapitel 2.1.4.2 oder 2.1.4.1) hier die passenden mobilen Endgeräte, einen SwSmP (Kapitel 2.1.6.3) und auch mobilen Content (z.B. Applikationen oder Services) zur Verfügung.

- PORTAL INTEGRATION – in diesem Fall konzentriert sich das Unternehmen (z.B. Google – Kapitel 2.1.4.4) nicht auf die Endgeräte-Produktion, sondern auf die Betriebssystementwicklung und den Anwendungsvertrieb (z.B. durch einen SwSmP).

- DEVICE INTEGRATION – dies wäre der Fall, wenn das Unternehmen den Fokus nur auf die Endgeräte-Produktion und die Betriebssystem-Entwicklung und nicht auf den Applikationsvertrieb legen würde.

- NO INTEGRATION – dabei steht für das Unternehmen lediglich das oben angesprochene Kerngeschäft im Vordergrund. Sowohl auf die Produktion von Endgeräten als auch auf den Vertrieb von Applikationen wird hierbei gänzlich verzichtet.

MARKTÜBERBLICK

Abschließend geben die Analysten von Gartner mit Abbildung 11 für das dritte Quartal 2010 einen Überblick über die Marktanteile im Smartphone-Sektor gemessen nach Betriebssystemen. Demnach teilen sich die im Folgenden vorgestellten vier Betriebssysteme (Kapitel 2.1.4.1, 2.1.4.2, 2.1.4.3 und 2.1.4.4) bereits fast 95 Prozent des Marktes.

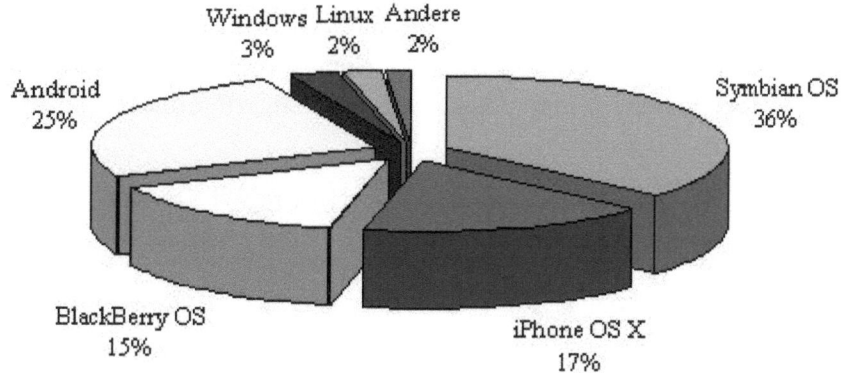

Abbildung 11: Smartphone-Marktanteile nach mobilen Betriebssystemen (vgl. Gettey und Tudor 1011)

2.1.4.1 *Symbian OS*

Trotz zuletzt schrumpfender Marktanteile ist Symbian OS aktuell immer noch der Primus unter den mobilen Betriebssystemen (siehe Abbildung 11). So wurden 2008 alleine 80 Millionen Lizenzen für das Symbian-Betriebssystem verkauft – 60 Millionen davon für mobile Endgeräte der Firma Nokia (vgl. Winkelhage 2406). Diese enge Bindung zum finnischen Hardware-Hersteller spiegelt sich auch in der Unternehmensgeschichte von Symbian wieder. Die oben erwähnte *„Full Integration"* wird durch den Nokia-eigenen SwSmP namens Ovi Store komplettiert – welcher Applikationen auf Symbian-Basis vertreibt (Kapitel 2.1.6.3).

GESCHICHTE
Die Symbian-Plattform hat ihren Ursprung in den PDA-Betriebssystemen der Firma Psion (z.B. EPOC). Im Zuge der Verschmelzung der Handhelds mit Mobiltelefonen zu Smartphones (siehe Kapitel 2.1.3) gründete Psion im Jahre 2000 gemeinsam mit den führenden Herstellern in der Mobiltelefonindustrie – Nokia, Ericsson, Motorola und Matsushita (Panasonic) – das Joint-Venture Symbian (vgl. Tanenbaum 2009, S. 1068). Das Ziel war damals ein Betriebssystem zu schaffen, welches speziell auf die Besonderheiten von Smartphones (z.B. begrenzter Arbeitsspeicher, siehe Randbedingungen für mobile Applikationen in Kapitel 2.1.5) zugeschnitten ist und *„Basis für eine Vielzahl von Smartphones unterschiedlicher Hersteller"* ist (siehe Tanenbaum 2009, S.1066). Im Jahre 2001 startete das Gemeinschafts-Unternehmen mit Symbian OS Version 6. 2008 übernahm der finnische Handy-Produzent dann 100 Prozent der Anteile an Symbian (vgl. Winkelhage 2406).

EIGENSCHAFTEN
Zu den hervorstechendsten Eigenschaften von Symbian OS gehören (vgl. im Folgenden Tanenbaum 2009; Winkelhage 2406):

• Mit Funktionen – wie Multitasking, Multithreading und einem erweiterbaren Speichersystem – konnte Symbian OS einige Funktionen von Desktop-Betriebssystemen übernehmen.

- Für den Zugriff auf Systemressourcen verwendet Symbian OS ein Client-Server-Modell. Als Clients werden dabei Anwendungen verstanden, die auf Systemressourcen zugreifen müssen. Server dagegen sind Programme, die das Betriebssystem laufen lässt, um den Zugriff auf diese Ressourcen zu koordinieren.

- Von seinen Vorgänger-Systemen (wie z.B. EPOC) konnte Symbian OS den objektorientierten Ansatz[4] adaptieren.

- *„Ebenso wie sein Vorfahre EPOC läuft Symbian nur auf ARM-Prozessoren[5]"* (siehe Alby 2008, S.109).

- Wie eingangs erwähnt (siehe Abbildung 11), setzen viele Mobiltelefonhersteller auf diese Plattform. Durch unterschiedliche Benutzeroberflächen (z.B. S60, UIQ) können sie sich – trotz gleichem Betriebssystem – voneinander abgrenzen.

- Durch die Übernahme von Symbian durch seinen größten Kunden (vgl. Symbian-Lizenz-Verkäufe), erhält Nokia zukünftig ein lizenzkostenfreies Betriebssystem (in diesem Fall vergleichbar mit einem Open Source Betriebssystem wie Android, Kapitel 2.1.4.4).

- Für die Software-Entwicklung existieren für Symbian mehrere SDKs. Die Standardsprache ist jedoch C++ (vgl. Alby 2008, S. 109).

- *„Nokia bringt die Symbian-Software vollständig in eine unabhängige Stiftung ein – und diese wird das Betriebssystem ihren Mitgliedern künftig kostenlos zur Verfügung stellen"*(siehe Winkelhage 2406) (= open-source-ähnlicher Charakter, vgl. auch Ausführungen dazu auf S. 29).

2.1.4.2 *iPhone OS X*

In der Verbreitung liegt Apples Betriebssystem iPhone OS aktuell nur auf Platz drei (Abbildung 11), als Plattform für die Nutzung des mobilen Internets ist es jedoch führend. Gemäß einer Studie des Werbe-Dienstleisters AdMob erfolgen fast 50% der mobilen Internet-Aufrufe (Abbildung 12) von einem iPhone OS betriebenen Endgerät. Mit ein Grund dafür sind sicherlich auch die hohen Download-Raten

---

4 Definition Objektorientierung: Jede speicherbare Größe kann als Objekt aufgefasst werden, *„das nicht nur passiven Charakter hat (wie die herkömmlichen Programm-Variablen), sondern zugleich aktiv werden kann durch eigene Operationen (bei Smalltalk und Java Methoden genannt), die z.B. Nachrichten an andere Objekte versenden oder selbst welche empfangen und darauf reagieren können"* (siehe Gumm et al. 2006, S. 809). *„Bei Erhalt einer Nachricht wird eine dem Objekt eigene Methode ausgeführt, die auf Attribute des Objekts zugreifen und Attributwerte verändern kann. Die Attributwerte bestimmen den Objektzustand. Objekte, die identische Attribute (nicht Attributwerte) und Methoden besitzen, werden zu Klassen zusammengefasst. Die einzelnen Objekte einer Klasse werden auch als Ausprägungen oder Instanzen dieser Klasse bezeichnet"* (siehe Bodendorf 2006, S. 50).

5 *„Eine zentrale Architektur für eingebettete Prozessoren stammt von der Firma Advanced RISC Machines (ARM). Die ARM-Architektur ist durch einen kompakten Befehlssatz gekennzeichnet, welcher Optimierungen etwa in Hinblick auf den Stromverbrauch erlaubt und daher für den Einbau z.B. in mobilen Geräte (PDAs, Handys, MP3-Spieler, Smart Cards) besonders geeignet ist. Prozessoren mit ARM-Architektur werden z.B. von Intel, Motorola bzw. Freescale, Samsung, Toshiba, Nintendo, Sony oder Texas Instruments in Lizenz hergestellt. Bei ARM-Prozessoren wie bei anderen eingebetteten Prozessoren auch geht es stets um einen möglichst guten Kompromiss zwischen Preis und Leistung"* (siehe Oberschelp und Vossen 2006, S. 396).

aufgrund des breiten Software-Angebot in Apples eigenem SwSmP (Stichwort „*Full Integration*", Abbildung 10) – dem App Store.

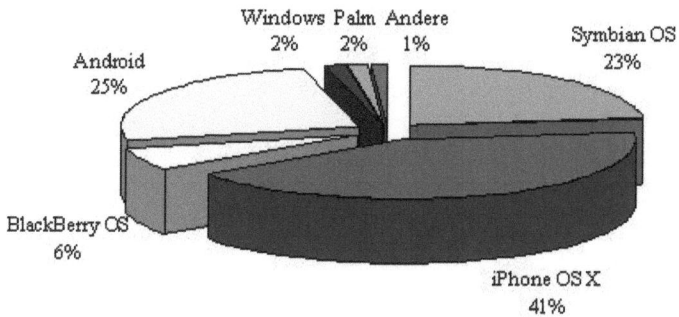

Abbildung 12: Mobiles Datenaufkommen nach Betriebssystemen (Darstellung gemäß AdMob, Inc. 1004)

GESCHICHTE

Der historische Werdegang der mobilen Plattform iPhone OS ist natürlich eng an die des iPhone Smartphones gekoppelt. Apple setzte Ende Juni 2007 mit der ersten Version des iPhones hinsichtlich der Benutzerfreundlichkeit Maßstäbe. Allerdings beschränkte man sich beim ersten Modell „*auf die Grundfunktionen eines Smartphones und bot noch keine Möglichkeit, weitere Programme zu installieren*" (siehe Damaschke 2010, S. 9). Stattdessen wurde verstärkt auf die so genannten Webapps (in Abgrenzung zu nativen Apps in Kapitel 2.1.5) gesetzt. Die Online-Verbindung dafür basierte zu meist auf dem UMTS-Vorgänger EDGE (Abbildung 4 bzw. Kapitel 2.1.2.1 und 2.1.2.2).

Mit der zweiten Version – dem iPhone 3G (= dritte Mobilfunk-Generation, Abbildung 4) – im Juli 2008 brachte Apple auch das neue Betriebssystem iPhone 2.0 auf den Markt. Da die Webapps die iPhone Hardware bei weitem nicht ausreizten und sie noch dazu eine ständige Internetverbindung erforderten (vgl. Damaschke 2010, S. 174), ermöglichte Apple nun auch die lokale Installation von Programmen direkt auf dem Endgerät (= native Apps). Die zentral kontrollierte Verteilung dieser Applikationen erfolgt über den App Store (Kapitel 2.1.6.3).

Verbesserte Hardware (z.B. Performance-Optimierung, Kompass, Video etc.) bringt im Juli 2009 das Modell iPhone 3GS. Ebenfalls neu ist dabei die Betriebssystem-Version iPhone OS 3.0 (vgl. Damaschke 2010, S. 9). In der vierten Version des iPhone (seit Juni 2010 auf dem Markt) firmiert das fundamentale Betriebssystem nun unter dem Namen Apple iOS und unterstützt erstmals Multitasking – „*also die Möglichkeit, mehrere Apps gleichzeitig laufen zu lassen*"(siehe Computerbild Online Dienstleistungs-GmbH 0207).

EIGENSCHAFTEN

Das mobile Betriebssystem iPhone OS bzw. Apple iOS zeichnet sich u.a. durch folgende Kern-Eigenschaften aus:

- Da es sich auch beim iPhone um einen Unix-Rechner handelt, lag es für Apple nahe – zur Nutzung von Synergie-Effekten – eine auf dem eigenen

Betriebssystem Mac OS X basierende mobile Plattform (= iPhone OS) dort einzusetzen. Das iPhone OS kann also als „Subset des Mac OS X" bezeichnet werden (siehe Alby 2008, S. 112).

- Ähnlich wie das Symbian-Betriebssystem (Kapitel 2.1.4.1) benötigt das iPhone OS auch ARM-basierte Prozessoren.

- In der Software- bzw. Applikations-Entwicklung ist das iPhone OS nicht ganz so flexibel, wie andere mobile Plattformen (z.B. Symbian OS). Lediglich die Programmiersprachen Objective C oder Objective C++ werden unterstützt. Allerdings arbeitet Sun an einer Java Virtual Machine für das iPhone (vgl. Alby 2008, S. 112). Ein Vorteil für Mac-Besitzer ist hier, dass sich iPhone-Anwendungen „z.B. auf einem MacBook Pro entwickeln und debuggen lassen.[...] Ein iPhone-Simulator erlaubte den Programmierern, ihre Anwendungen direkt auf ihrem Entwicklungssystem zu debuggen, ohne sie zuerst auf ein echtes iPhone- oder iPod Touch-Gerät herunterladen und dort testen zu müssen " (siehe Kochan 2009, S. 20).

- Der mit dem Betriebssystem standardmäßig ausgelieferte Webbrowser ist eine verschlankte Variante des bekannten Apple-Browsers Safari – es handelt sich dabei nicht um eine mobile Applikation im Sinne der in dieser Arbeit aufgestellten Definition (siehe Kapitel 2.1.5). Die Besonderheit daran aber ist, dass „die meisten Webseiten so dargestellt werden, wie sie auch in einem normalen Browser auf dem Desktop zu sehen sind.[...] Eine Seite kann dank des Touch Displays mit zwei Fingern 'aufgezogen' werden" (siehe Alby 2008, S. 112)

2.1.4.3   BlackBerry OS

Ähnlich wie bei Apples iPhone OS X (Kapitel 2.1.4.2) handelt es sich bei dem von Research in Motion (kurz: RIM) entwickelten BlackBerry OS auch um ein proprietäres mobiles Betriebssystem (siehe Unterteilung mobiler Betriebssysteme in Kapitel 2.1.4). Applikationen für diese Plattform sind u.a. über RIMs eigenen SwSmP BlackBerry App World erhältlich (vgl. „Full Integration"-Ansatz, Abbildung 10).

EIGENSCHAFTEN VON BLACKBERRY OS
Es zeichnet sich durch folgende Merkmale aus:

- Hohe Anerkennung erhielt das auf Geschäftskunden fokussierte kanadische Unternehmen durch die so genannte Push-Email-Funktionalität der BlackBerry-Geräte (vgl. Alby 2008, S. 108, 109). Dabei müssen Emails nicht mehr manuell von einem Server abgeholt werden. Stattdessen prüft der Black-Berry Enterprise Server kontinuierlich die Inbox und leitet neue Emails ggfs. auf das mobile Endgerät weiter.

- Analog der Push-Email-Funktionalität setzt BlackBerry – insbesondere im Business-Bereich – „auf die Synchronisation von Daten [z.B. Termine und Adressen] zwischen Endgerät und Server"(siehe Schmitz et al. 2006, S. 246).

- Erweiterungen des Betriebssystems sind hier durch mobile Anwendungen, die mittels Application Frameworks (Abbildung 9) wie Java oder .Net erstellt wurden, möglich (vgl. Alby 2008, S. 108, 109).

- Auch BlackBerry Smartphones laufen – wie schon das iPhone (Kapitel 2.1.4.2) oder Symbian-basierte Geräte (Kapitel 2.1.4.1) – auf ARM-basierten Prozessoren (vgl. Alby 2008, S. 108, 109).

2.1.4.4 *Android*

Der Shooting-Star unter den mobilen Betriebssytemen ist die recht junge Software-Plattform „Android" (vgl. Abbildung 11 bzw. Tabelle 3 in Kapitel 3.2.1). Hinter diesem Projekt verbirgt sich ein Konsortium namens „Open Handset Alliance" (vgl. Alby 2008, S.106-118). „Zu der Alliance gehören 34 Hardware-, Software- und Netzanbieter, darunter T-Mobile, NTTDoCoMo, Sprint Nextel, Motorola, Samsung, eBay, Google, Intel, Synaptics und viele Andere" (siehe Alby 2008, S.106-118). Federführend ist dabei die US-amerikanische Internetfirma Google. Zusatz-Programme für Smartphones mit diesem Betriebssystem bietet Google über seinen SwSmP Android Market an (vgl. „Portal Integration"-Ansatz, S. 23).

BESTANDTEILE DER ANDROID-PLATTFORM
Für breites öffentliches Interesse sorgte diese Allianz Ende 2007 mit der Ankündigung und Ende 2008 mit der Markteinführung der neuen Android-Software-Plattform (vgl. Mosemann 2009, S. 1-2), bestehend aus

- einem auf Linux basierenden Betriebssystem,

- umfangreichen Bibliotheken,

- einer Laufzeitumgebung und

- mobilen Schlüsselapplikationen.

EIGENSCHAFTEN
Weitere hervorstechende Eigenschaften von Googles neuem mobilen Betriebssystem werden nun kurz erläutert:

- Der Schachzug, Java als Programmiersprache in Android einzusetzen, erwies sich als vorteilhaft. Damit wurde die Software-Plattform für die große Java-Entwickler-Gemeinde attraktiv, und somit konnten bereits innerhalb kürzester Zeit eine Vielzahl neuer Applikationen präsentiert werden. Diese neuen Applikationen (kurz: Apps) von Drittanbietern werden gleichberechtigt mit den vorinstallierten (System-)Programmen behandelt (vgl. Mosemann 2009, S. 1-2). „Die Popularität der Plattform wurde durch [so genannte] Developer Challenges [weiter] angeheizt, bei denen Google Preise von mehreren Millionen Dollar [für die Erstellung neuer Apps] anbot" (siehe Alby 2008, S.106-118). Von Anfang an ermöglichte Android die parallele Ausführung mehrerer Programme (= Multi-Tasking) auf dem Endgerät (vgl. Alby 2008, S.106-118).

- Für die Verwendung von Android fallen – im Gegensatz z.B. zu Symbian OS (Kapitel 2.1.4.1) – keine Lizenzkosten an. „So ist es für die Endgerätehersteller und Netzbetreiber möglich, Kosten zu sparen und damit preisgünstigere Mobilfunkgeräte auf den Markt zu bringen" (siehe Mosemann 2009, S. 1-2). Neben den wegfallenden Lizenzkosten sorgt auch der Open Source Aspekt für geringere Ausgaben. Durch den Rückgriff auf den großen Pool an Open Source Entwicklern spart der Betriebssystem-Hersteller einiges an Entwicklungskosten ein (vgl. Holzer 2009, S. 57, 58).

- Ein weiterer Vorteil für die Entwickler ist, dass große Teile des Android-Betriebssystem unter die Open Source Lizenz[6] gestellt wurden. *„Damit ist es für Applikationsentwickler möglich, nicht nur die gegebenen Programmierschnittstellen zu nutzen, sondern bei Bedarf auch tiefer in den Quellcode einzusteigen"* (siehe Mosemann 2009, S. 1-2). Nur auf wenige Bereiche – wie z.B. auf die Bluetooth-Ressourcen – gewährt Android den Entwicklern keinen Zugriff (vgl. Holzer 2009, S. 57).

KRITIK
Für Kritik – vor allem von Seiten der Datenschützer – sorgte die Tatsache, dass die Nutzung des Android-Betriebssystem bis zur Version 1.4.6 nur mit der Einrichtung eines Google-Kontos (Gmail-Adresse) möglich war (vgl. Felser 2404). Seit Version 1.5 wurde diese Reglementierung von Google jedoch aufgehoben.

AUSBLICK
Im praktischen Teil der Thesis (Kapitel 3) werden noch die Entwicklungsmöglichkeiten dieser jüngsten mobilen Plattform dokumentiert (Kapitel 3.2.1). Zusätzlich wird ein detaillierter Einblick in die Besonderheiten der App-Entwicklung mit Android gegeben (Kapitel 3.2.2 und 3.2.3).

2.1.5 Mobile Applikationen

WANDEL VON EINGEBETTETEN SYSTEMEN ZUR HARD- UND SOFTWARE-TRENNUNG
Die immer leistungsfähigeren mobilen Endgeräte – wie etwa Smartphones (Kapitel 2.1.3) – heben die Grenzen von eingebetteten Systemen auf. Für Marwedel (2008) sind sogenannten Embedded Systems *„informationsverarbeitende Systeme, die in ein größeres Produkt integriert sind, und die normalerweise nicht direkt vom Benutzer wahrgenommen werden"*. Diese Systeme wurden meist für einen bestimmten Zweck bzw. eine bestimmte Applikation entworfen – Mobiltelefone z.B. für das Telefonieren. Smartphones erfüllen aber neben dem Telefonieren noch andere Aufgaben (wie z.B. Terminplanung, Textverarbeitung, Tabellenkalkulation, etc.). Bisher erlaubten es die eingebetteten Systeme in mobilen Endgeräten nicht, eigene zusätzliche Software (= mobile Applikationen) zu installieren (vgl. Tanenbaum 2009, S. 69). Diese Begrenzung ist nun bei Smartphones mit ihren mobilen Betriebssystemen (Kapitel 2.1.4) nicht mehr vorhanden (vgl. Schichtenmodell in Abbildung 9).

DEFINITION: MOBILE APPLIKATIONEN
Mobile Applikationen sind ein sehr breit gefächertes Gebiet. Sogar die SMS-Dienste (= Verschicken von Kurznachrichten) werden als mobile Applikationen angesehen (vgl. Schriek 2006, S. 27). In dieser Masterarbeit wird der Begriff allerdings enger

---

6 Definition Open Source Software:
  „OSS [Open Source Software] bezeichnet Software unter bestimmten, von der Open Source Initiative (OSI) anerkannten Lizenzen. Diese Lizenzen legen insbesondere fest, dass jeder Empfänger eines OSS-Programms auch dessen Quellcode erhält bzw. erhalten kann; zudem hat er das Recht, diesen Code zu verändern und veränderte wie unveränderte Versionen weiterzugeben [...] " (siehe Brügge 2004, S. 177).

gefasst und es wird der Auffassung von Golding (2008) gefolgt. Danach haben diese Programme folgende Eigenschaften (siehe Golding 2008, S. 13):

- „[...] *applications that have some kind of user interface on the handset* [...]"– Mindestvoraussetzung für eine mobile Applikation ist hier also eine Schnittstelle auf dem mobilen Gerät für Benutzereingaben.

- „[...] *they utilise the wireless communications capability of the device they run on* [...]"– sie nutzen also kabellose Übertragungstechniken (Kapitel 2.1.2).

Für Golding (2008) macht es dabei keinen Unterschied, ob die mobile Anwendung

a. direkt auf dem Endgerät installiert ist (= native Applikation) oder

b. erst über einen Player oder Browser und eine mobile Internet-Verbindung (Kapitel 2.1.2) zugänglich wird (= z.B. Web-Applikation).

Hier soll nun noch eine weitere Schärfung bzw. Eingrenzung der Definition der mobilen Applikation vorgenommen werden: so werden die vom Betriebssystem-Hersteller vorinstallierten Standard-Applikationen nicht als mobile Anwendungen in diesem Sinne angesehen. Ebenfalls werden hier auch nur native Applikationen berücksichtigt, die auf dem mobilen Endgerät installiert werden, d.h. reine mobile Web-Anwendungen (= Webapps) – *„die auf einem Webserver installiert sind und auf die man über den Webbrowser zugreift"* (siehe Damaschke 2010, S. 9) – fallen nicht in dieses Schema. Einige Stärken und Schwächen von Webapps und nativen Applikationen werden in Abbildung 13 gegenübergestellt.

Stärken und Schwächen	
Mobile Web-Seite	**Native App**
Derivat der "großen" Web-Anwendung	Speziell für ein Gerät entwickelt
+ leicht und mit wenig Aufwand zu erstellen; + bestehendes Know-how wird genutzt; + keine Installation erforderlich; + eine Anwendung kann auf verschiedenen Geräten verwendet werden.	+ die Anwendung passt genau auf das Gerät des Benutzers; + alle Geräte-Features sind nutzbar, etwa Kamera, GPS oder Adressbuch; + maximale Performance; + im jeweiligen App Store des Geräts verfügbar; + Offline-fähig.
- meist schlechtere Performance im Vergleich zur App; - eingeschränkter Zugriff auf Geräte-Features; - andere User-Experience - Anwendung muss über URL gefunden werden.	- eigene Entwicklung für jedes Gerät erforderlich; - Entwicklung erfordert meist eine eigene plattformspezifische Technologie.

Abbildung 13: Gegenüberstellung Stärken und Schwächen von Webapps und nativer Applikationen (entnommen von Henze 0610)

30

Für die vorliegende Master-Thesis lässt sich also obige Definition wie folgt zusammenfassen:

Unter einer mobilen Applikation ist ein dediziertes Software-Modul zu verstehen, welches zusätzlich zum Betriebssystem, auf das mobile Endgerät geladen wird und dort direkt ausgeführt wird.

Klassifizierung mobiler Applikationen

Mobile Applikationen unterscheidet man hinsichtlich ihres Verbindungsaufbaus zu einem Hintergrundsystem (z.B. Netzwerk oder Datenbank). Es ergeben sich dabei folgende Kategorien (vgl. Giguère 1999, S. 77 ff.):

- STAND-ALONE-ANWENDUNG: Programme, die auf einem mobilen Endgerät ausgeführt werden, aber keinerlei Verbindung zu einem Hintergrundsystem benötigen (z.B. Taschenrechner).

- ANWENDUNGEN MIT SYNCHRONISATIONS-SOFTWARE: Programme, die sich über eine Synchronisations-Software (z.B. Microsoft Active Sync) mit einem Netzwerk oder Computer verbinden (z.B. zum Abgleich der PIM-Daten[7] mit Microsoft Outlook).

- WAN-ANWENDUNGEN: Programme, die sich durch eine mobile WAN-/Internet-Verbindung (Kapitel 2.1.2) mit einem Rechner, einem Netzwerk oder einer Datenbank verbinden und somit aktuelle Daten von dort abrufen (z.B. bietet Google seine Web-Applikation *„Google Maps"* auch zum Download für Smartphones an (vgl. Autor 2010b). Diese mobile Anwendung dient zur Navigation und stellt Informationen und Kartenmaterial zum aktuellen Standort auf dem mobilen Endgerät bereit). Ändert sich der aktuelle Standort, muss die Applikation [= *„Location-based Services"*[8]] das neue Kartenmaterial mittels mobiler Internet-Verbindung vom Google-Server auf das Smartphone herunterladen.

- SPEZIAL-NETZWERK-ANWENDUNGEN: Programme, die sich über ein spezielles Netzwerk (vgl. Mobilfunkstandards in Kapitel 2.1.2) mit dem Hintergrundsystem verbinden – z.B. Enhanced Specialized Mobile Radio, kurz: ESMR (vgl. Autor 2009a).

- SONSTIGE ANWENDUNGEN: Programme, die sich über kurze Entfernungen (z.B. via Bluetooth, Infrarot oder NFC) mit einem Hintergrundsystem verbinden[9].

---

7 Definition Personal Information Management (PIM):
„Praktisch alle Mobiltelefone und verwandte Geräte erlauben die Verwaltung persönlicher Informationen (engl. Personal Information Management, kurz PIM), worunter insbesondere Namen, Adressen und Telefonnummern zu verstehen sind, aber auch Termine und zu erledigende Aufgaben" (siehe Mosemann 2009, S. 167).

8 Definition Location-based Services:
„[...] services offered via the customer's mobile device and based on the customer's actual location [...] " (siehe Böhm et al. 2008, S. 67) – d.h. damit sind also Anwendungen gemeint, die sich die Ortbarkeit mobiler Geräte über Funkzellen (siehe Kapitel 2.1.2.1) zu Nutze machen.

9 Beispielsweise gibt es im Nah- und Fernverkehr der Deutschen Bahn ein Pilotprojekt namens *„touch & travel"* zum mobilen Fahrscheinkauf (vgl. Autor 2009b). Dort wird via NFC-Terminals festgestellt an welchem Bahnhof der Fahrgast mit seinem NFC-fähigen Smartphone zugestiegen ist und wo er ausgestiegen ist. Für die dazwischen liegende Strecke wird ihm dann der jeweilige Fahrpreis berechnet.

Selbstverständlich unterliegen auch mobile Software-Lösungen gewissen Randbedingungen. *„Diese definieren sich [...] durch die Geräte* [Kapitel 2.1.3] *und Infrastrukturen* [Kapitel 2.1.2]*, die am Markt verfügbar sind"* (siehe Fuchß 2009, S. 18). Im Vergleich zu stationären Rechnern weisen mobile Endgeräte folgende Einschränkungen auf, welche dann auch von den Anwendungen zu berücksichtigen sind (vgl. im Folgenden Meier und Stormer 2008, S. 212):

- Kleinere Anzeige

- Langsamere Prozessoren

- Geringerer Arbeitsspeicher

- Schlechtere Dateneingabe

- Kleinere Bandbreite bei der Kommunikation

- Geringe Akkuleistung

Die Forschung beschäftigt sich momentan intensiv mit der Verbesserung der hier aufgeführten Nachteile mobiler Endgeräte – erste Ansätze (dort hingehend) wurden beispielsweise mit dem iPhone von Apple bereits realisiert.

2.1.6 *Vertrieb mobiler Anwendungen über SwSmP*

In den letzten Jahren treffen mobile Applikationen sowohl international als auch in Deutschland auf steigendes öffentliches Interesse. Ihre Verbreitung erfolgt bekanntlich über so genannte SwSmP (Kapitel 2.1.6.3). Dort können Empfehlungssysteme (Kapitel 2.2) verkaufsfördernd eingesetzt werden. Viele Unternehmen versuchen auf diesen Zug aufzuspringen und entwickeln eigene Apps (Kapitel 2.1.5). Besonders im Fokus stehen dabei die rund 800.000 iPhone-Besitzer in Deutschland (vgl. Garrels 1501). Für diese mobile Plattform (Kapitel 2.1.4.2) vertreibt Apple über seinen Software-Shop App Store mittlerweile über 100.000 mobile Applikationen (vgl. Apple.inc 2010). Auch der deutsche Medienkonzern Axel Springer AG agiert seit Ende 2009 erfolgreich in diesem neuen E-Business-Geschäftsfeld. Seine kostenpflichtigen Apps der Zeitungen BILD und WELT wurden bereits über 100.000 mal im App Store verkauft (vgl. Garrels 1501).

Hier hat sich also aus dem Vertrieb mobiler Anwendungen über SwSmP ein lukratives Geschäftsmodell (Kapitel 2.1.6.1) entwickelt. Im Folgenden (Kapitel 2.1.6.2) soll die Architektur dieses Business Modells durch einen Blick auf die digitale Wertschöpfungskette (bzw. die Wertschöpfungskette des E-Business) veranschaulicht werden. Kapitel 2.1.6.3 untersucht abschließend das zentrale Organ beim Vertrieb mobiler Anwendungen – den Software-Shop für mobile Plattformen (SwSmP) – und analysiert die vorherrschende Marktsituation und zukünftige Marktpotentiale.

2.1.6.1 *Geschäftsmodell*

Das Thema Geschäftsmodelle (englisch: Business Models) findet seit *„dem Aufkommen von Leistungsaustauschprozessen im Internet"* (siehe Lehner et al. 2008, S. 324) noch stärkere Beachtung. Allgemein wird mit einem Geschäftsmodell das Ziel verfolgt neue Geschäftsformen aufzuzeigen und Chancen- und Risikoanalysen zu unterstützen (vgl. Österle 1996, S. 14-16). Zu einem solchen Business Model gehören folgende Komponenten (vgl. im Folgenden Timmers 1998, S. 4):

- Architektur für die Produkte, Dienstleistungen und Informationsflüsse

- Nutzenbeschreibung für alle Akteure

- Beschreibung der Erlösquellen

ARCHITEKTUR VON GESCHÄFTSMODELLEN ANHAND VON WERTSCHÖPFUNGSKETTEN
Zur Veranschaulichung der Architektur von Geschäftsmodellen und zur Nutzenverdeutlichung können Wertschöpfungsketten herangezogen werden (vgl. Timmers 1998, S. 4). Kapitel 2.1.6.2 widmet sich daher dieser Thematik.

NUTZEN- UND ERLÖSQUELLENBESCHREIBUNG
In Abbildung 14 werden die am hier vorgestellten Geschäftsmodell (Vertrieb mobiler Applikationen über SwSmP) beteiligten Parteien (= Nutznießer) und die damit verbundenen Erlösquellen deutlich (vgl. im Folgenden Holzer 2009, S. 56, 57):

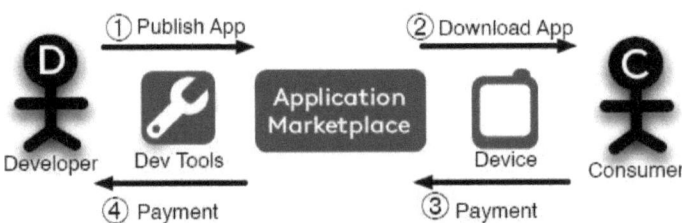

Abbildung 14: Geschäftsmodell für den Vertrieb mobiler Applikationen über SwSmP
(entnommen von Holzer 2009, S. 57)

1. Der Software-Entwickler programmiert mit Hilfe einer Programmiersprache und diversen Entwicklungswerkzeugen die mobile Applikation (Kapitel 2.1.5) für eine bestimmte mobile Plattform (Kapitel 2.1.4).

2. Die fertige Anwendung veröffentlicht der Entwickler im zweiten Schritt in einem Software-Katalog (Kapitel 2.1.6.3), von dem aus die Konsumenten das Programm auf ihr Smartphone (Kapitel 2.1.3) laden können. Für die Veröffentlichung im SwSmP muss der Entwickler meist eine Gebühr an den Plattform-Betreiber entrichten (z.B. Registrierungsgebühr). Dabei handelt es sich um die erste Haupt-Erlösquelle der SwSmP.

3. Nun wählt der Kunde aus der angebotenen Vielzahl von Programmen das gewünschte aus (ggfs. nach Empfehlung eines im SwSmP integrierten Recommender Programms, Kapitel 2.2 bzw. 3), lädt es auf sein mobiles Endgerät und installiert es dort.

4. Dafür ist – im Falle einer kostenpflichtigen App – eine Zahlung des Konsumenten (z.B. unter Zuhilfenahme einer Mobile Payment Bezahlvariante, vgl. E-Business-Wertschöpfungskette, Abbildung 15) – an den SwSmP-Betreiber

erforderlich. Große Teile dieser Zahlung stehen dem Entwickler zu (zumeist ca. 70%). Den kleineren Teil davon beansprucht der SwSmP-Betreiber für die Bereitstellung der Vertriebsplattform in Form einer Transaktionsgebühr (zumeist ca. 30%) für sich (= zweite Erlösquelle).

5. Während der Präsentation der Anwendungen im Online-Katalog bietet sich für den Portal-Betreiber die Möglichkeit durch Platzierung von Werbung weitere Erlöse zu generieren (= dritte Erlösquelle). Ebenfalls die Entwickler der Apps nutzen gegen Entgelt die Möglichkeit innerhalb der Applikationen (zur Laufzeit) Werbebotschaften zu schalten.

6. Durch den Online-Verkauf der Applikation über den SwSmP erhält im letzten Schritt natürlich auch der Entwickler des Programms eine Entlohnung (= Zahlungsfluss von SwSmP zum Entwickler abzüglich der Transaktionsgebühr in Abbildung 14).

2.1.6.2 Wertschöpfungskette

Bei mobilen Applikationen (Kapitel 2.1.5) handelt es sich bekanntlich um elektronische bzw. digitale Güter[10]. Der besondere Umgang mit Informationen dabei liefert dem Konsumenten einen Mehrwert, für den er bereit ist zu zahlen. Mobile Anwendungen können demnach folgende wertschöpfende Aktivitäten bereitstellen (vgl. Kollmann 2009, S. 32):

- Informationen sammeln

- Informationen systematisieren

- Informationen auswählen

- Informationen kombinieren

- Informationen verteilen

- Informationen austauschen

- Informationen bewerten

- Informationen anbieten

Neben diesen informativen Mehrwerten erfreuen sich mobile Applikationen aber auch aufgrund (oder gerade wegen) ihres unterhaltenden Charakters großer Beliebtheit. Auch für diesen unterhaltenden Mehrwert mobiler Apps sind die Konsumenten mehr und mehr bereit zu bezahlen. So wurde Studien zufolge allein in Deutschland im Jahr 2009 140 Millionen Euro im Bereich Mobile Gaming ausgegeben (vgl. Hagoort 2001).

Ausgehend vom elektronischen Produkt (= mobile Applikation) wird die Wertschöpfungskette des E- bzw. M-Business aufgebaut Abbildung 15). Darin wird

---

10 „Digitale Güter sind Produkte oder Dienstleistungen ohne Bindung an ein physisches Trägermedium, die in Form von Binärdaten dargestellt, übertragen und verarbeitet werden können. Es sind immaterielle Güter zur Bedürfnisbefriedigung, die sich mit Hilfe von Informationssystemen entwickeln, vertreiben oder anwenden lassen" (siehe Tamm 2005, S. 64).

deutlich, an welchen Stellen der Kette sich die SwSmP (Kapitel 2.1.6.3) befinden und welche wertschöpfenden Aktivitäten (in der Abbildung grau hinterlegt) von ihnen ausgehen (vgl. im Folgenden Meier und Stormer 2008, S. 18, 19):

Abbildung 15: E-Business Wertschöpfungskette (vgl. Meier und Stormer 2008, S. 1)

STUFEN DER E-BUSINESS WERTSCHÖPFUNGSKETTE

1. Als erstes Glied der digitalen Wertschöpfungskette steht natürlich das digitale Produkt (eProducts & eServices) selbst. Neben der Gestaltung elektronischer Produkte und Dienstleistungen ist hier die Frage der Preisfindung wichtig, da immaterielle Güter schwierig zu bewerten sind. Konzentriert man sich nur auf den Vertrieb von Applikationen über SwSmP, so betrachtet man die Applikationen (eProducts) als bereits vorhanden, d.h. sie sind nicht Bestandteil der Wertschöpfungskette der SwSmP.

2. In der nächsten Stufe folgt das eProcurement als strategischer und operativer Beschaffungsprozess mit elektronischen Mitteln.

3. Auch durch das Online-Marketing (eMarketing) erhält das Ausgangsprodukt (= die mobile Applikation) weiteren Mehrwert. Dabei werden – unter Nutzung elektronischer Informations- und Kommunikationsmittel – Marktpotenziale erschlossen und Geschäftsbeziehungen ausgebaut. Auf dieser Stufe treten erstmals die SwSmP in Aktion. Durch Online-Marketing gewinnen sie neue Interessenten für die angebotenen Programme, aber auch neue Entwickler, die – gegen Gebühr – ihre Applikationen auf der Plattform zum Verkauf anbieten. Aber auch die einzelne Applikation kann durch geschicktes Online-Marketing im SwSmP erfolgreicher werden – z.B. durch die (kostenpflichtige) Platzierung der App auf der Startseite.

4. Das eContracting stellt sicher, dass die Kaufabwicklung beim Vertrieb mobiler Applikationen auf rechtsgültigen Dokumenten (z.B. Angebot, Willenserklärung, Kaufvertrag, Rechnung) basiert. Auch dies zählt zu den wertschöpfenden Aktivitäten der SwSmP. Hierfür kann auch auf asymmetrische Kryptographieverfahren zur Verwaltung digitaler Signaturen, Zertifikate und Schlüsselpaare zurückgegriffen werden.

5. Zu den Kernaktivitäten hinsichtlich der Mehrwertgenerierung durch die SwSmP gehört natürlich die Verteilung und Lieferung des digitalen Produkts

(= eDistribution). Da der Endkunde über ein mobiles Endgerät (Smartphone, Kapitel 2.1.3) mit Internetanschluss (Kapitel 2.1.2) verfügt, können die Anwendungen zeit- und standortunabhängig bezogen werden (= Online-Distribution). Beim Bezug einer mobilen App aus einem SwSmP über ein Smartphone fallen der Bezugs- und der Verwendungsort zusammen. D.h. die Apps werden über ein mobiles Gerät erworben und gleich dort eingesetzt.

6. Neben der Verteilung müssen SwSmP auch die Bezahlung der Applikation sicherstellen (ePayment). Als Bezahlvarianten sind im Electronic oder Mobile Payment u.a. die Abrechnung über die Mobilfunkrechnung oder eine separate MP-(Monats-)Rechnung, die Bezahlung per Lastschrift-Verfahren bzw. per Kreditkarte sowie die Nutzung von E-Geld (= vorausbezahltes, guthabenbasiertes Konto bei einem Online-Bezahlsystem wie z.B. Paypal) denkbar (vgl. Lammer 2006, S. 369).

7. Gerade im E-Business wird der Fokus von der Produktlastigkeit mehr und mehr zum Kundenmanagement verschoben. Im Rahmen des eCustomer Relationship Management (Kapitel 1.3) spielt es für SwSmP eine gewichtige Rolle, das Kundenverhalten und -interesse in Statistiken und Kennzahlen zu erfassen und auszuwerten. Beispielsweise können nach Auswertung der CRM-Daten diejenigen Applikationen auf der Startseite des Shops als Empfehlung erscheinen (Kapitel 2.2), die in der Vergangenhiet auf besonderes Kundeninteresse gestoßen sind.

Neben diesen zentralen Gliedern der Wertschöpfungskette tragen indirekt auch unterstützende Prozesse – wie z.B. die strategische Planung oder das Controlling – zur Mehrwertgenerierung bei.

2.1.6.3 *Software-Shops für mobile Plattformen (SwSmP)*

Mit der möglichen Verwendung von Zusatzprogrammen auf dem iPhone (Kapitel 2.1.4.2) eröffnete Apple sich und anderen Unternehmen des Mobilfunk-Sektors ab Juli 2008 ein völlig neues und äußerst profitables Marktsegment – den Vertrieb mobiler Applikationen über SwSmP. Auch die Anzahl der an der mobilen Applikationsentwicklung beteiligten Personen hat sich hierdurch drastisch vergrößert – bisher war dieser Geschäftsbereich exklusiv den Plattform-Entwicklern, Endgeräte-Herstellern oder Telefongesellschaften vorbehalten (vgl. Holzer 2009, S. 55).

DIFFERENZIERTE BESCHREIBUNG VON SWSMP
Unter einem SwSmP versteht man ein digitales *„Kaufhaus für Programme"* (siehe Damaschke 2010, S. 175). Es ist die (zentrale) Anlaufstelle, um Smartphones (Kapitel 2.1.3) mit mobilen Applikationen (Kapitel 2.1.5) zu erweitern. Ein SwSmP ist dabei eine Handelsplattform, auf der vor allem fremd-entwickelte Produkte (Apps) verkauft werden. Die Plattform-Betreiber treten dabei selbst also kaum als Programm-Entwickler auf.

Auf den Programmkatalog kann entweder direkt über das mobile Endgerät oder über den Computer zugegriffen werden. In beiden Wegen ist dies meist über eine Zusatz-Software (auf dem Smartphone oder PC) oder eine Weboberfläche möglich. Die ersten SwSmP boten nur Anwendungen an, die exklusiv auf einem bestimmten mobilen Betriebssystem (Kapitel 2.1.4) ablauffähig waren (z.B. im App Store gibt es nur Programme für das iPhone OS X). Mittlerweile betreiben – neben Plattform-Entwicklern wie z.B. Google, Apple, Nokia/Symbian und RIM – solche Software-Shops auch reine Endgeräte-Hersteller, die selbst kein mobiles Betriebssystem konzipiert haben wie z.B. Sony Ericsson (vgl. Capell 0406) oder Telefongesellschaften wie z.B. Vodafone (vgl. Capell 1305) oder Telefónica O2 (vgl. Global Telecoms Business 1409). Letztere müssen natürlich der Tatsache Rechnung tragen, dass ihre Kunden unterschiedliche Plattformen und Endgeräte verwenden, d.h. sie müssen auf ihren Portalen Software für diverse Betriebssysteme offerieren.

MARKTPOTENTIAL UND -SITUATION
Viele der angebotenen Programme (wie z.B. mobile Versionen beliebter Webseiten wie Facebook) sind kostenlos. Komplexere (Business-) Anwendungen oder Mobile Games (Kapitel 2.1.6.2) kosten im Durchschnitt etwa 2 bis 9 Euro. Nicht nur durch diesen für die Endkunden kostenpflichtigen Download der Applikationen über das Portal, sondern auch durch das gebührenpflichtige Bereitstellen des Portals als Vertriebsplattform für eigenständige Applikationsentwickler und ihre Programme, haben SwSmP ein finanziell attraktives Geschäftsmodell. Man erwartet für das Jahr 2011 durch die oben erwähnten Einnahmequellen (Details in Kapitel 2.1.6.1) durch den Vertrieb mobiler Applikationen ein Umsatzvolumen von ca. 9 Milliarden US-Dollar (vgl. Holzer 2009, S. 55). Für den Vorreiter und Marktprimus Apple erwies sich sein SwSmP – der App Store – als finanzieller Erfolg (vgl. CHIP Xonio Online GmbH 2809): 200 Millionen US-Dollar setzt die Firma von Steve Jobs monatlich durch den Vertrieb mobiler Applikationen über das Portal um. Aber auch Shootingstar Google (siehe Abbildung 11) erwirtschaftet mit seinem Android Market (Kapitel 2.1.4.4) aktuell bereits fünf Millionen Dollar Umsatz pro Monat.

ARTEN VON SwSmP
Um einen Überblick über den „Dschungel" an mobilen Software-Portalen zu erlangen, bietet sich eine Klassifizierung in zentrale und dezentrale SwSmP an (vgl. im Folgenden Holzer 2009, S. 58):

- Zentrale SwSmp sind zumeist die einzigen Anlaufstellen („*single point of sale*") im Netz, um Geräte einer bestimmten Plattform mit Zusatz-Software zu erweitern. Portalbetreiber und Betriebssystementwickler sind hier meist ein und dasselbe Unternehmen (vgl. Full Integration oder Portal Integration in Kapitel 2.1.4). Ein Beispiel für diese Konstellationen ist Apple mit dem Betriebssystem iPhone OS X (Kapitel 2.1.4.2) und dem SwSmP App Store.

- Beim dezentralen Portal-Ansatz können Applikationen für eine mobile Plattform auf mehreren SwSmP angeboten und heruntergeladen werden („*multiple point of sale*"). Nutzer von Symbian-basierten (Kapitel 2.1.4.1) Endgeräten haben beispielsweise die Möglichkeit, neben Nokias offiziellem Ovi Store auch andere Portale (wie die der vorhin erwähnten Telefongesellschaften Vodafone oder Telefónica O2 bzw. des Endgeräte-Herstellers Sony Ericsson) für die Erweiterung ihrer Smartphones mit Zusatz-Software zu nutzen. Auch der Online-Buchhändler Amazon plant, Apps für Android-Smartphones anzubieten (Kapitel 1). Dadurch scheint der dezentrale Ansatz nun auch von der

Open Handset Alliance favorisiert zu werden. Für Endkunden besteht dabei allerdings die Gefahr, dass der Überblick über die verfügbaren Applikationen verloren geht.

2.2 RECOMMENDERSYSTEME

Im Mobile Business (Kapitel 2.1) gewinnt das Customer Relationship Management (Kapitel 1.3) mehr und mehr an Bedeutung. Auch wenn hier bei einer geschäftlichen Transaktion – wie z.B. beim Kauf einer mobilen Applikation in einem SwSmP – kein direkter/persönlicher Käufer-Verkäufer-Kontakt vorliegt, steht dennoch die Individualisierung der Kundenbeziehung im Vordergrund. So wird versucht, das Informationsangebot für den jeweiligen Kunden zu personalisieren (Stichwort „Personalisierung", Kapitel 1.3), z.B. durch Präsentation kundenbezogener Inhalte oder durch individuelle Unterstützung und Beratung. Ein verbreiteter Ansatz hierzu sind Recommendersysteme (kurz: RCS), die dem Kunden gezielt Vorschläge aus der möglichen Vielzahl von Alternativen präsentieren.

Eingeleitet wird dieses Kapitel mit einer generellen Begriffsdefinition zum Thema Recommendersysteme (Kapitel 2.2.1). Danach folgt ein Blick auf die grundlegende Architektur und die Komponenten von Empfehlungssystemen (Kapitel 2.2.2). Daraus leitet Kapitel 2.2.3 die RCS-Datenstruktur ab. Kapitel 2.2.4 schließt diese Betrachtung mit einem Überblick über die verschiedenen Arten von Empfehlungssystemen ab.

2.2.1 Einführung und Begriffsklärung

Für die Personalisierung von E- bzw. M-Commerce-Angeboten und damit für den Einsatz einer Recommender Komponente wird vorausgesetzt, dass das zugrunde liegende E- oder M-Commerce System (Kapitel 2.1.1) – z.B. ein SwSmP – während der Laufzeit die dargestellten Inhalte anpassen kann. In diesem Zusammenhang sollte zwischen adaptierbaren und adaptiven Systemen unterschieden werden (vgl. Goy et al. 2007, S. 489f.; Koch 2001, S. 12):

ADAPTIERBARE SYSTEME Bei adaptierbaren Systemen kann der Benutzer selbst aktiv Anpassungen vornehmen – z.B. Änderung von Design/Farbe oder Sprache. Die Modifikationen werden i.d.R. gespeichert und beim nächsten Aufruf des Systems entsprechend wieder berücksichtigt.

ADAPTIVE SYSTEME Bei adaptiven Systemen werden Personalisierungen (Kapitel 1.3) durch das System selbstständig durchgeführt. Basis hierfür sind Informationen über den Benutzer, über das verwendete mobile Endgerät (Kapitel 2.1.3) und das daraus resultierende mobile Betriebssystem (Kapitel 2.1.4) sowie über den Verwendungskontext (Kapitel 2.3). Mit Hilfe unterschiedlicher Verfahren werden so Anpassungen ohne direkten Nutzer-Eingriff bzw. z.T. auch ohne Wissen des Nutzers vorgenommen. In diesem Gebiet sind die in dieser Master-Arbeit thematisierten Empfehlungssysteme (Recommendersysteme) einzuordnen.

GESCHICHTLICHER ABRISS

Die Wurzeln der Recommendersysteme liegen in verschiedenen Disziplinen, wie z.B. im Information Retrieval (Kapitel 1.3) oder in der Kognitionsforschung (vgl. Hussein und Gaulke 2010, S. 16). Ihre Erforschung begann Anfang der 1990er Jahre: am Xerox PARC[11] wurde der E-Mail-Filter Tapestry entworfen. Mit GroupLens[12] wurde im Jahr 1992 das erste bekanntere Recommendersystem entwickelt. Im Rahmen des Forschungsprojekts der Universität Minnesota wurden personalisierte Prognosen zur Relevanz von Usenet Nachrichten errechnet (vgl. Schafer et al. 2007, S. 294; Borchers et al. 1998, S. 106).

DEFINITIONEN

In der Literatur wird der Begriff Recommendersystem bzw. Empfehlungssystem (kurz: RCS) folgendermaßen definiert, z.T. mit Bezugnahme auf den Kontext-Begriff (Kapitel 2.3):

- *„Recommender-Systems support users by identifying interesting products and services in situations where the number and complexity of offers outstrips the user's capability to survey them and reach a decision"* (siehe Felfernig et al. 2007, S. 18).

- *„Empfehlungssysteme (Recommendersystems) unterstützen den Nutzer, indem sie bestimmte Inhalte aus dem Gesamtangebot herausfiltern, die mit hoher Wahrscheinlichkeit von großem Interesse für ihn sind"* (siehe Hussein und Gaulke 2010, S. 16).

- Bei einem Empfehlungssystem handelt es sich um ein *„System, das einem Benutzer B in einem gegebenen Kontext K aus einer gegebenen Eintitätsmenge M aktiv eine Teilmenge nützlicher Elemente T empfiehlt. Der Kontext K konstituiert sich dabei aus dem Benutzerprofil P, der Entitätsmenge M und der Situation S"* (siehe Klahold 2009, S. 1).

- *„Primäre Aufgabe von Recommendersystemen ist es, aus Hintergrundinformationen und Eingabedaten* [vgl. Kapitel 2.2.2] *gezielte und maßgeschneiderte Empfehlungen für bestimmte Items aus einer Item-Menge abzugeben"* (siehe Brocco et al. 2008, S. 67).

---

11 Palo Alto Research Center, URL: http://www.parc.com
12 URL: http://www.grouplens.org

Mit diesen Begriffserklärungen aus der Fachliteratur lassen sich RCS also als automatisierte Komponenten verstehen, die aus einer für den Menschen schwer zu überblickenden Datenmenge aus Produkten oder Dienstleistungen[13] Produkt-Empfehlungen generieren.

ARTEN VON EMPFEHLUNGEN

Grundsätzlich können die von Recomendern erstellten Empfehlungen in zwei Klassen unterschieden werden (vgl. Höhfeld und Kwiatkowski 2007, S. 266):

NICHT-PERSONALISIERTE EMPFEHLUNGEN Nicht-personalisierte Empfehlungen basieren z.B. auf Verkaufszahlen oder gemittelte Artikelbewertungen von Kunden und werden für alle Kaufinteressenten gleich präsentiert – sie sind also nicht im Sinne der Begriffserklärung aus Kapitel 1.3 (Personalisierung) individuell auf den einzelnen Kunden zugeschnitten. Ein Beispiel hierfür wäre die Auflistung der zehn bisher am häufigsten heruntergeladenen oder am besten bewerteten Apps in einem SwSmP (= „Top-10").

PERSONALISIERTE EMPFEHLUNGEN Angelehnt an die in Kapitel 1.3 eingeführte Definition des Begriffs Personalisierung werden diese Empfehlungen kundenindividuell bestimmt. Ein Produkt (eine App) eignet sich demnach als Empfehlung, wenn es starke Ähnlichkeit mit den bereits vom Kunden erworbenen (vgl. Kaufhistorie) oder positiv bewerteten Produkten aufweist. Des Weiteren kann von der Annahme ausgegangen werden, dass Kunden mit gleichen Interessen (vgl. Kauf- oder Bewertungsprofile anderer Kunden) auch gleiche Produkte kaufen würden. Daher werden Produkte vorgeschlagen, die von als ähnlich eingestuften anderen Kunden gekauft oder positiv bewertet wurden.

Im weiteren Verlauf dieser Arbeit soll der Schwerpunkt auf personalisierte Empfehlungssysteme gelegt werden. In diesem Bereich existieren eine Vielzahl von Ansätzen, von denen im Kapitel 2.2.4 die bekanntesten kurz erläutert werden.

2.2.2 Grundlegende Architektur

Grob gesprochen bestehen Empfehlungssysteme aus drei elementaren Bestandteilen (vgl. im Folgenden Burke 2002, S. 332):

- HINTERGRUNDDATEN:
  Daten, die vor dem Start des Empfehlungsprozesses – meist in einer Datenbank – verfügbar sind (z.B. Bewertungsmatrix mit Bewertungen anderer Benutzer oder Artikelprofile bzw. -beschreibungen)

- EINGABEDATEN:
  Daten, die vom Benutzer explizit oder implizit vorgegeben und dann anschließend in der Datenbank festgehalten werden (z.B. sein Benutzerprofil mit seinen Interessensgebieten oder seine Kontextsituation)

---

13 Im Rahmen dieser Arbeit werden Apps (Kapitel 2.1.5) hier als Produkte angesehen. So steigt die Anzahl verfügbarer Apps in einem SwSmP (Kapitel 2.1.6) auch permanent an – Beispiel dafür ist der Android Market (Tabelle 3 in Kapitel 3.2.1).

- ALGORITHMUS:
  verbindet Hintergrund- und Eingabedaten und erzeugt daraus eine sinnvolle Empfehlung für den aktiven Nutzer des RCS

Abbildung 16 zeigt zusammenfassend diese grundlegende Architektur von Recommendersystemen.

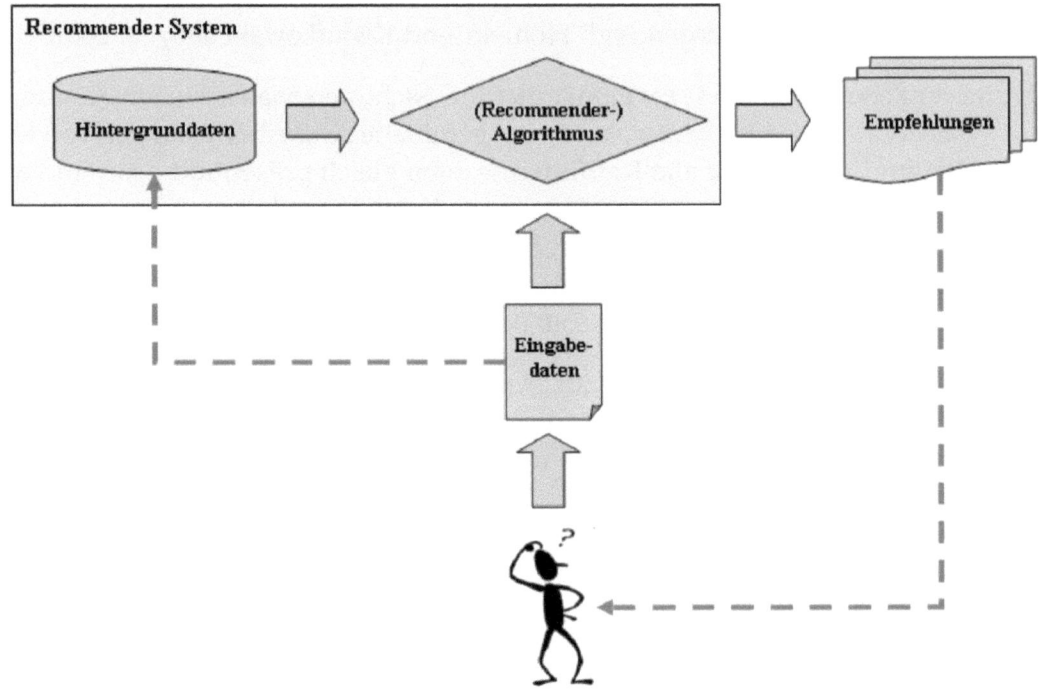

Abbildung 16: Grundlegende Architektur von Recommendersystemen

Eine traditionelle Recommender-Komponente in einem SwSmP (noch ohne Kontext-Bezug) kombiniert hier z.B. Eingabedaten wie Nutzer (Benutzerprofile) und Produkte / Items (Apps) – d.h. Nutzer 1 hat beispielsweise App 5 heruntergeladen und eingesetzt. Eine solche Kombination spendet dem jeweiligen User einen gewissen Nutzen. Dieser Nutzen wird explizit in Form eines Ratings quantifiziert und in den Hintergrunddaten abgespeichert – d.h. der Kunde gibt in Form einer Stern-Bewertung an, wie gut ihm das mobile Programm gefallen hat (ein Stern = geringer Nutzern; fünf Sterne = sehr großer Nutzen). Eine solche Zusammenstellung kann allgemein als (multidimensionale) Rating-Funktion bezeichnet werden:

$$R : Users \times Items \rightarrow Rating \qquad (2.1)$$

2.2.3 Datenstruktur

Wie im vorherigen Kapitel 2.2.2 bereits angedeutet, kommt den Hintergrunddaten in einem Empfehlungssystem eine zentrale Rolle zu. Sie sind meist in einer oder mehreren Datenbanken hinterlegt. Die Hintergrunddaten müssen dabei nicht zwingend direkt auf dem mobilen Client selbst verfügbar sein – auch eine Abfrage einer auf einem Server befindlichen Datenbank ist denkbar.

Die Struktur solcher Datenbanken lässt sich gut in Form von ER-Diagrammen bzw. UML-Klassendiagrammen darstellen (vgl. Booch et al. 2006, S. 142). Ein konkretes Beispiel eines solchen Struktur-Diagramms wird später in Abbildung 31 in Kapitel 3.4.1 gezeigt.

Die meisten der im Anschluss beschriebenen Recommender-Grundarten verwenden in ihren Hintergrunddaten folgende Entitäten[14]:

- Benutzer (Kunde, Benutzerprofil):

- App (Produkt, Artikelprofil):

- Bewertung (Rating, Bewertungsmatrix):

2.2.4 Grundarten

Ausgehend von der grundlegenden RCS-Architektur (Kapitel 2.2.2) und den darin vorkommenden Komponenten (Hintergrunddaten, Eingabedaten und Algorithmus) charakterisiert Burke (vgl. 2007, S. 378) fünf Ansätze zur Individualisierung auf Grundlage von Empfehlungssysteme. Abbildung 17 ordnet diese dem in Kapitel 1.3 erläuterten Begriff des Information Retrievals zu bzw. unter.

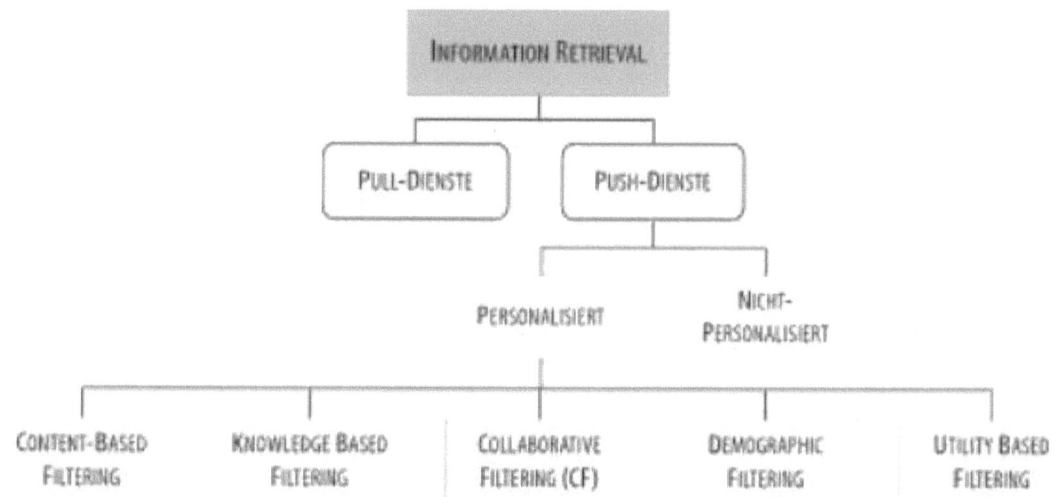

Abbildung 17: Einordnung RCS-Grundarten (entnommen von Wiesner 2010, S. 42)

Tabelle 2 gibt einen kurzen Überblick über diese RCS-Grundarten. Eine Sonderstellung nehmen dabei hybride Ansätze (Kapitel 2.2.4.6) ein – welche mehrere der klassischen Arten miteinander kombinieren.

---

14 *„Eine Entität (Entity) stellt ein Objekt oder Konzept aus der realen Welt dar, z.B. einen Angestellten oder Projekte, die in der Datenbank beschrieben werden. Ein Attribut stellt eine Eigenschaft dar, die die Beschreibung einer Entität weiter ausführt, z.B. Name oder Gehalt des Angestellten. Eine Beziehung (Relationship) zwischen zwei oder mehr Entitäten stellt einen Zusammenhang zwischen den Entitäten dar, z.B. eine Arbeitsbeziehung zwischen einem Mitarbeiter und einem Projekt"*(siehe Elmasri 2009, S. 40, 41).

42

Ansatz	Kapitel	Hintergrunddaten	Eingabedaten
inhaltsbasiert	2.2.4.1	Artikelprofile bzw. -eigenschaften	Benutzerprofil
empfehlungsbasiert	2.2.4.2	alle Bewertungen aller Nutzer zu den Produkten	Bewertungen des aktuellen Nutzers zu den Produkten
wissensbasiert	2.2.4.2	Produkt-Nutzen-Eigenschaften aller Nutzer (Wissen darüber inwieweit die Produkte die Bedürfnisse der Nutzer decken)	Interessen bzw. Bedürfnisse des aktuellen Nutzers
nutzenbasiert	2.2.4.4	Artikelprofile bzw. -eigenschaften	Anforderungen des aktuellen Nutzers an Produkte
demographisch	2.2.4.5	demographische Informationen über die Produkt-Vorlieben bestimmter Nutzergruppen	Klassen- bzw. Gruppen-Zugehörigkeit des aktuellen Nutzers

Tabelle 2: Übersicht über Arten von Empfehlungssystemen (in Anlehnung an Burke 2002, S. 333)

In den folgenden Unterkapiteln werden diese Ansätze einerseits wissenschaftlich erklärt, andererseits wird auch für jede dieser RCS-Varianten ihre praxisorientierte Anwendbarkeit auf die konkrete Fragestellung der Arbeit (Kapitel 1) bzw. für die Konzeption einer prototypischen Applikation (Kapitel 3.1.1 bzw. 3.4) geprüft sowie mögliche Einschränkungen vorgestellt.

2.2.4.1 *Inhaltsbasierter Ansatz (content-based)*

Von zentraler Bedeutung für den inhaltsbasierten Ansatz sind die Artikeleigenschaften (siehe RCS-Komponente Artikel-Profil aus Kapitel 2.2.3) und die Interessensgebiete des Nutzers (siehe RCS-Komponente User-Profil aus Kapitel 2.2.3). Um die mögliche Beurteilung eines dem Benutzer unbekannten Produkts zu ermitteln, werden hier vorliegende Bewertungen des Nutzers zu ähnlichen Produkten herangezogen (vgl. Adomavicius et al. 2005, S. 106 f.).

Im konkreten Fall einer neuen App aus einem SwSmP werden die bisherigen Downloads und die Bewertungen des Nutzers für ähnliche Apps beispielsweise aus der gleichen Kategorie oder vom gleichen Entwickler betrachtet. Falls er diese positiv eingeschätzt hat, ist es wahrscheinlich, dass er die neue App ebenfalls positiv einschätzen wird und sie sich somit als Empfehlung eignet.

ARBEITSWEISE
Die Arbeitsweise eines inhaltsbasierten RCS zur Empfehlung von Smartphone-Anwendungen aus einem SwSmP lässt sich praxisorientiert anhand folgender Schritte erklären:

1. *Festlegung der Eigenschaften und Werte-Ausprägungen einer App*
   Beispielsweise lässt sich eine App durch die Kategorie / das Genre (z.B. Finanzen, News & Wetter, Spiele, etc.) in der sie im SwSmP erscheint, den

Entwickler (z.B. Firma), die verwendeten Hardware-Module (z.B. GPS-Modul) und den Zeitpunkt der Veröffentlichung im SwSmP charakterisieren.

2. *Artikel-Profil: Ermittlung der Eigenschaften der neuen App im Software-Katalog*
   Durch automatisches Extrahieren von Schlüsselwörtern beispielsweise aus der App-Beschreibung oder aus dem Quellcode werden einmalig die Werte-Ausprägungen der unter 1. definierten Eigenschaften ermittelt (vgl. Adomavicius et al. 2005, S. 106 f.). Dadurch entsteht für die neue Anwendung *i* aus dem SwSmP das oben angesprochene und als Vektor darstellbare Artikel-Profil *Content(i)* (siehe Abbildung 18).

3. *Benutzer-Profil: Ermittlung der Eigenschaften der bisher vom User heruntergeladenen und positiv bewerteten Apps*
   Analog zu 2. wird durch Auslesen der Schlüsselwörter aus den Applikationen, die dem aktuellen User *u* bisher gut gefallen haben, das eingangs genannte Benutzer-Profil *ContentBasedProfile(u)* in Vektorform erstellt (siehe Abbildung 18). Treten Schlüsselwörter dabei häufiger auf, fließen sie in Form von gewichteten Interessensgebieten (vgl. Adomavicius et al. 2005, S. 106 f.) ins User-Profil ein (z.B. erhält der Entwickler im User-Profil ein hohes Gewicht[15], wenn der betrachtete User in der Vergangenheit mehrere Apps von diesem heruntergeladen hat).

4. *Prüfung der Vereinbarkeit von Artikel- und Benutzer-Profil*
   Um zu entscheiden, ob die neue App als Empfehlung für den aktuellen User geeignet ist, wird abschließend geprüft, wie gut das Aritikel-Profil *Content(i)* (aus 2.) zum Benutzer-Profil *ContentBasedProfile(u)* (aus 3.) passt, bzw. mit ihm korreliert. Dazu wird die mögliche Bewertung der neuen App durch den aktuellen User *u* durch folgende Rating-Funktion *R* (vgl. auch Kapitel 2.2.2) berechnet (vgl. Adomavicius und Tuzhilin 2005, S. 736):

$$R(u, i) = score(ContentBasedProfile(u), Content(i)) \qquad (2.2)$$

In dem Fall, dass Benutzer- und Artikel-Profil (siehe Kapitel 2.2.3) – wie bereits oben beschrieben – jeweils als Vektor von Gewichten ($\vec{w}_u$ bzw. $\vec{w}_i$) angelegt sind, bietet sich als Funktion *score* ein Vektor-Ähnlichkeits- bzw. Korrelationsmaß (vgl. Proximitätsberechnung in Kapitel 2.2.4.2) wie z.B. der Kosinus-Koeffizient an (vgl. Felden 2006, S. 119). Hierbei wird der Kosinus-Wert des Winkels zwischen den beiden Vektoren berechnet. Durch die Verwendung dieses Ähnlichkeitsmaßes konkretisiert sich die Rating-Funktion *R* (aus Formel 2.2) wie folgt (vgl. Adomavicius und Tuzhilin 2005, S. 736):

$$r_{u,i} = k \sum_{u' \in \hat{U}} sim(u, u') \times r_{u',i} \qquad (2.3)$$

---

15 *„Hierbei wird die Termhäufigkeit als Stärke der Ausprägung einer Dimension genutzt und [...] durch den Begriff Gewicht ausgedrückt"* (siehe Felden 2006, S. 117).

Die neue Rating-Funktion (mit dem Kosinus-Koeffizienten als Ähnlichkeits-maß) in Formel 2.3 basiert auf den in der Vektorrechnung bekannten Formeln (vgl. im Folgenden Kemnitz 2005, S. 295) für das Skalarprodukt zweier Vektoren (Formel 2.4),

$$\vec{a} \cdot \vec{b} = |\vec{a}| \cdot |\vec{b}| \cdot \cos\varphi \tag{2.4}$$

dem Betrag bzw. der Länge eines (drei-dimensionalen) Vektors (Formel 2.5)

$$|\vec{a}| = \sqrt{a_1^2 + a_2^2 + a_3^2} \tag{2.5}$$

bzw. dem allgemeineren Ausdruck dafür – der Vektornorm / Euklidische Norm[16] (Formel 2.6).

$$\|\underline{x}\| = \|\underline{x}\|_2 := \sqrt{\sum_{i=1}^{n} x_i^2} \tag{2.6}$$

Mit Hilfe dieser Formeln lässt sich der Kosinus-Wert des Winkels zwischen den beiden (drei-dimensionalen) Vektoren (Artikel- und Benutzer-Profil) wie folgt ausrechnen (Formel 2.7):

$$\cos\varphi = \frac{\vec{a} \cdot \vec{b}}{|\vec{a}| \cdot |\vec{b}|} = \frac{a_1 b_1 + a_2 b_2 + a_3 b_3}{\sqrt{a_1^2 + a_2^2 + a_3^2} \cdot \sqrt{b_1^2 + b_2^2 + b_3^2}} \tag{2.7}$$

Diese Zusammenhänge sind in Abbildung 18 anhand zweier vereinfachter Beispiele verdeutlicht. Dort liegen in Beispiel 2 das Artikel- und das Benutzer-Profil näher aneinander als in Beispiel 1: der Kosinus-Wert des Winkels zwischen den beiden Vektoren ist hier näher an 1. Demzufolge eignet sich das Artikel-Profil 2 bevorzugt als Empfehlung für den aktuellen Nutzer und sein User-Profil.

---

16 „Im $\mathbb{R}^3$, in der elementaren Vektorrechnung wird $\|\underline{x}\|_2$ als Betrag des Vektors $\underline{x}$ bezeichnet. Der Betrag des Vektors $|\underline{x}| = \|\underline{x}\|_2$ x gibt die Länge des Vektors $\underline{x}$ an." (siehe Bronstein et al. 2008, S. 282).

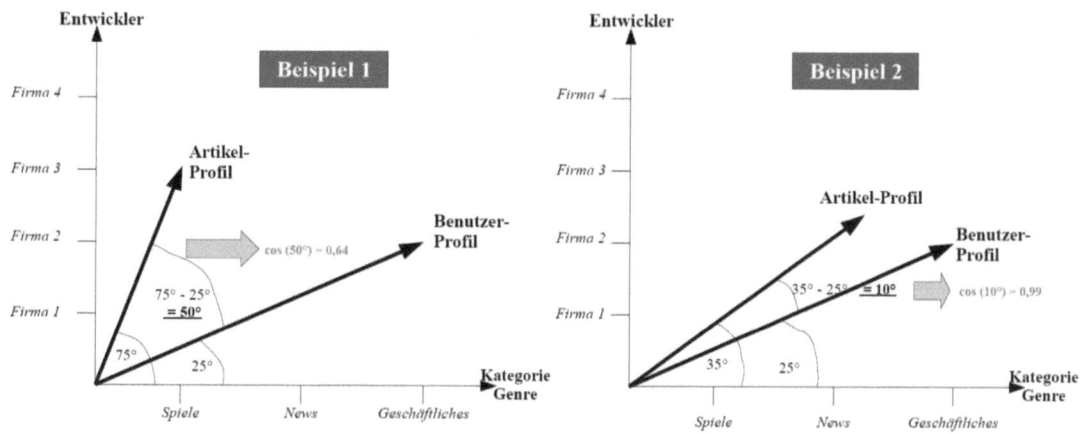

Abbildung 18: Zwei Beispiele für die Prüfung der Vereinbarkeit von Artikel- und
Benutzer-Profil mit Hilfe eines Vektor-Ähnlichkeitsmaßes
(Kosinus-Ähnlichkeit)

5. *Ermittlung der am höchsten bewerteten Apps zur Empfehlung*
Sobald die Lücken in der Bewertungsmatrix (die so genannten „*Missing Va-lues*") dann durch obige Schritte befüllt wurden, wird die Zeile des Benutzers
u in der Matrix betrachtet. Die darin am höchsten bewerteten Apps kön-
nen im Anschluss als mögliche Empfehlungen (vgl. ähnlichen Ablauf beim
Collaborative Filtering in Abbildung 21 aus Kapitel 2.2.4.2) herangezogen
werden[17].

KRITIKPUNKTE
In seiner allgemeinen Form weist der inhaltsbasierte Recommender-Ansatz die
nachfolgend beschriebenen Schwachstellen auf (vgl. Adomavicius und Tuzhilin
2005, S. 737):

- EINGESCHRÄNKTE EIGENSCHAFTSANALYSE:
Mittelpunkt des inhaltsbasierten Ansatzes ist die Annotation oder Extraktion
von Eigenschaften zu bzw. aus Objekten. Bei Vorliegen strukturierter Objekt-
Informationen (z. B. in einer Artikel-Datenbank eines SwSmP), ist es keine
Schwierigkeit, Attribute zuzuordnen. Selbst Textdokumente lassen sich mit
den Methoden des Information-Retrievals (Kapitel 1.3) effizient kategorisieren
– beispielsweise über Worthäufigkeiten[18]. Dagegen scheitert der Ansatz bei
Objektarten, bei denen keine automatisierte Extraktion möglich ist. Hier
wäre höchstens eine manuelle Annotation denkbar. Multimedia-Dateien (wie
Filme oder Musik), bei denen keine Meta-Daten eingebettet wurden, sind
hier als Beispiel zu nennen. Bei der Empfehlung von Anwendungen aus
SwSmP fällt dieser Kritikpunkt nicht so stark ins Gewicht. Mit dem Quellcode
und den verpflichtenden Meta-Informationen (z.B. App-Beschreibung), die
ein Entwickler bei der Veröffentlichung seines Produkts im SwSmP angeben
muss, liegen in diesem Fall gute Quellen zur Eigenschafts-Extraktion vor.
Ein weiterer Schwachpunkt in diesem Zusammenhang ist die Tatsache, dass

---

17 Es zählen dabei nur Bewertungen für Apps, die vorher unbekannt waren und somit errechnet wurden.
Die Apps, die vom User selbst hoch bewertet wurden, sollten als Empfehlung nicht herangezogen
werden.
18 Meist wird die TF-IDF Kennzahl berechnet (vgl. Fu und Chen 2008, S. 10).

46

durch die Fixierung auf die Annotationen das Recommendersystem zwei Objekte als identisch ansieht, wenn die Eigenschaften im Artikel-Profil gleich sind. Eine Erfassung qualitativer Unterschiede ist so u. U. schwierig.

- ÜBERSPEZIALISIERUNG:
  In der Ausgangs-Variante des inhaltsbasierten Ansatzes wird nach Objekten gesucht, die eine möglichst hohe Ähnlichkeit zu den bereits positiv bewerteten Objekten aufweisen. Allerdings führt dies zu einer starken Einschränkung der möglichen Empfehlungen, da potentiell gute Vorschläge außen vor bleiben, wenn sie zu einer anderen Kategorie gehören. Außerdem ist es möglicherweise nicht erfolgversprechend, wenn die Vorschläge allzu ähnlich zu den bereits bekannten sind[19].

- PROBLEM VON NEUEN BENUTZERN:
  Die „Ramp-Up"-Problematik subsummiert auftretende Anlauf-Schwierigkeiten eines Empfehlungssystems. Dazu kann z.B. das Problem von neuen Benutzern („New-User"-Problem) gehören. Bevor ein RCS verlässlich gute Empfehlungen ermitteln kann, muss ein neuer Benutzer ausreichend viele Produkt-Bewertungen abgegeben haben (vgl. Burke 2002, S. 334 f.).

Wie die praxisorientierte Schilderung der Arbeitsweise deutlich macht, ist der inhaltsbasierte Ansatz für den Einsatz in einem RCS zur Empfehlung von Programmen aus SwSmP durchaus denkbar. Allerdings bietet es sich an, die geschilderten Kritikpunkte durch die Hinzunahme anderer RCS-Verfahren abzumildern (vgl. Kapitel 2.2.4.6).

2.2.4.2 Empfehlungsbasierter Ansatz (Collaborative Filtering)

Der am häufigsten verwendete Ansatz bei Recommendersystemen ist das Collaborative Filtering – kurz: CF – (vgl. Zanker et al. 2007, S. 69). Diesem empfehlungsbasierten Verfahren liegt die Annahme zu Grunde, dass Personen mit ähnlichem (Benutzer-) Profil (Kapitel 2.2.3) ähnliche Bewertungen abgeben (vgl. Wörndl und Groh 2007, S. 124).

UNTERSCHIEDLICHE ARTEN DES KOLLABORATIVEN FILTERNS
Beim empfehlungsbasierten Ansatz gibt es eine Vielzahl an unterschiedlichen Spielarten. Runte (vgl. 2000, S. 20) klassifiziert diese wie in Abbildung 19 ersichtlich.

---

19 Adomavicius et al. (2005) führen als (treffendes) Beispiel an, dass es u. U. keine gute Idee ist, alle Woody Allen Filme zu empfehlen, nur weil dem Benutzer ein einzelner Film davon gut gefallen hat.

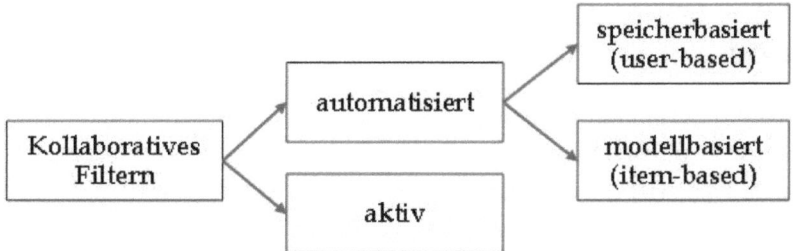

Abbildung 19: Subarten des empfehlungsbasierten Ansatzes von RCS (nach Runte 2000; Wörndl et al. 2009)

Zunächst kann in aktives und automatisiertes kollaborativen Filtern unterteilt werden. Da im aktiven Fall die Empfehlungen nicht durch das System[20] (z.B. einen SwSmP) generiert werden, muss sich die vorliegende Arbeit auf den zweiten (automatisierten) Fall konzentrieren. Im weiteren Verlauf wird also unter kollaborativen Filtern immer diese automatisierte Klasse verstanden. Diese unterteilt sich weiter in speicherbasierte (user-based) und modellbasierte (item-based) Verfahren (siehe Abbildung 19), welche im Folgenden näher beleuchtet werden sollen.

SPEICHERBASIERTE (USER-BASED) VERFAHREN DES KOLLABORATIVEN FILTERNS
Sehr häufig kommen die speicherbasierten (user-based) Algorithmen des CF-Ansatzes zum Einsatz. Der generelle Ablauf dabei lässt sich anhand von Abbildung 20 wie folgt verdeutlichen:

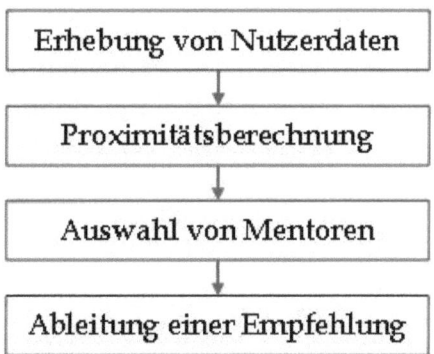

Abbildung 20: Prozessschritte beim (speicherbasierten) Collaborative Filtering [1] (angelehnt an Runte 2000, S. 51)

- ERHEBUNG VON NUTZERDATEN:
  Für die Empfehlungs-Erstellung durch Recommendersysteme nach dem CF-Ansatz sind sowohl Informationen des Empfehlungsempfängers als auch anderer Benutzer notwendig (vgl. Gensler und Skiera 2002, S. 251-252). Die Datenerhebung kann hier in impliziter Form (z.B. durch Aufzeichnung des Nutzer- bzw. Kaufverhaltens) oder in expliziter Form erfolgen (siehe auch Unterscheidung expliziter/impliziter Kontext, Kapitel 2.3.3). Für letztere Variante kann beispielsweise ein SwSmP-Nutzer gebeten werden verwendete Applikationen zu bewerten (z.B. nach einem Sternsystem). Diese Ratings

---

20 „*Active Collaborative Filtering bringt zum Ausdruck, dass Benutzer sich gegenseitig aktiv bestimmte Objekte empfehlen (Push-Kommunikation)*" (vgl. Runte 2000, S. 19).

werden dann in den Hintergrunddaten des RCS (Bewertungsmatrix, Kapitel 2.2.2) abgespeichert.

- PROXIMITÄTSBERECHNUNG:
Bekanntermaßen liegen nie für alle Produkte (Apps) passende Einschätzungen der Nutzer (in der Bewertungsmatrix) vor. Diese fehlenden Ratings werden als „Missing Values" bezeichnet, die mittels CF-Algorithmus (Schritt 4 in Abbildung 20) mit Prognosewerten befüllt werden sollen (siehe Runte 2000, S. 26). Dafür muss zunächst mit Hilfe eines geeigneten Proximitäts- oder Ähnlichkeitsmaßes die Ähnlichkeit zwischen dem aktuellen Benutzer und den anderen in der Bewertungsmatrix hinterlegten Nutzern errechnet werden. Das Ergebnis daraus kann in Form einer Ähnlichkeitstabelle (z.B. Abbildung 47) als Hintergrunddaten festgehalten werden. Als Grundlage dafür können die Bewertungsvektoren[21] (vgl. blaue Zeile in Abbildung 21) aller Nutzer miteinander verglichen werden. Beispiele für solche Proximitätsmaße sind der in Kapitel 2.2.4.1 bereits erwähnte Kosinus-Koeffizient (Formel 2.7) oder der im Folgenden veranschaulichte empirische Korrelationskoeffizient (im Sinne von Bravais / Pearson). Letzterer wird wie folgt berechnet (vgl. Adomavicius et al. 2005, S. 108 f.):

$$
\text{sim}(u, u') = \frac{\sum_{i \in \hat{I}} (r_{u,i} - \bar{r}_u)(r_{u',i} - \bar{r}_{u'})}{\sqrt{\sum_{i \in \hat{I}} (r_{u,i} - \bar{r}_u)^2 \sum_{i \in \hat{I}} (r_{u',i} - \bar{r}_{u'})^2}} \tag{2.8}
$$

Sein Wertebereich geht von -1 bis +1, wobei der Wert 0 als Ähnlichkeitsmaß darauf hinweist, daß kein Zusammenhang (= keine Ähnlichkeit) zwischen beiden Usern besteht. Der Wert 1 deutet auf einen stark positiven Zusammenhang hin – während -1 einen negativen Zusammenhang zwischen den betrachteten Nutzern symbolisiert.

- AUSWAHL VON MENTOREN:
Auf Basis der berechneten Nutzer-Ähnlichkeiten werden nun (spezielle) User – auch Mentoren genannt – bestimmt, um auf deren Basis die fehlenden Ratings des aktiven Nutzers in der Bewertungsmatrix vorherzusagen (vgl. Runte 2000, S. 26). Als Mentoren kommen hier entweder alle Benutzer in gewichteter Form[22] oder nur die ähnlichsten Benutzer[23] in Betracht.

Bei letzterer Variante kann ein Schwellenwert hinsichtlich der Nutzer-Ähnlichkeit festgelegt werden. Aus der in Schritt 2 von Abbildung 20 (Proximitätsberechnung) errechneten Ähnlichkeitstabelle werden dann die Benutzer (für die Menge Û) ermittelt, deren Ähnlichkeit zum aktiven User höher als der definierte Schwellenwert ist (= Mentoren). Nur die Bewertungen dieser Mentoren dienen dann als Grundlage für die Berechnung der Empfehlungen für den aktiven Nutzer. In dieser Variante sollte aber beachtet werden, dass

---

21 Bewertungsvektor = alle Bewertungen eines Nutzers (vgl. Wörndl et al. 2009, S. 609)

22 Die im zweiten Schritt (Proximitätsberechnung) berechneten Nutzer-Ähnlichkeiten fungieren hier als Gewichtungsfaktoren.

23 Die Ähnlichkeit des jeweiligen Nutzers zum aktiven Nutzer ist hier relevant.

dann wie schon in Kapitel 2.2.4.1 das Problem der Überspezialisierung auftreten kann.

Da gerade bei SwSmP die Bewertungsmatrix schnell eine Größe erreichen kann, bei der Berechnungen sehr speicher- und zeitaufwändig werden (z.B. zehntausende von Apps in den Spalten und hunderttausende von Benutzern in den Zeilen) kann durch diese Reduktion der Bewertungsmatrix der Rechenaufwand verringert werden.

- ABLEITUNG EINER EMPFEHLUNG:
  Abschließend müssen die „*Missing Values*" mittels eines geeigneten Recommender Algorithmus (Kapitel 2.2.2, Abbildung 16) aus den Mentoren-Bewertungen errechnet werden, um dann daraus für den aktuellen Nutzer passende Empfehlungen abzuleiten. Die allgemeine Rating-Funktion (Kapitel 2.2.2) zur Berechnung der unbekannten Bewertung $r_{u,i}$ eines Benutzers u für den Artikel i (z.B. eine App) wird hierbei als Aggregation[24] (Formel 2.9a) von bekannten Ratings anderer, ähnlicher Benutzer u' (Mentoren) für die gleiche App interpretiert (vgl. Adomavicius et al. 2005, S. 108 f.). Im Folgenden werden einige im speicherbasierten CF-Ansatz anwendbare Rating-Funktionen zunächst formal und dann detaillierter vorgestellt:

$$r_{u,i} = \underset{u' \in \hat{U}}{aggr}\ r_{u',i} \tag{2.9a}$$

$$r_{u,i} = \frac{1}{N} \sum_{u' \in \hat{U}} r_{u',i} \tag{2.9b}$$

$$r_{u,i} = k \sum_{u' \in \hat{U}} sim(u, u') \cdot r_{u',i} \tag{2.9c}$$

$$r_{u,i} = \bar{r}_u + k \sum_{u' \in \hat{U}} sim(u, u') \cdot (r_{u',i} - \bar{r}_{u'}) \tag{2.9d}$$

Eine recht einfache Form der konkreten Aggregation ist die Durchschnittsberechnung (Formel 2.9b) (vgl. Adomavicius et al. 2005, S. 108 f.). Hierbei werden die Bewertungen $r_{u',i}$ der bisherigen Nutzer $\hat{U}$ einer App i herangezogen. Der Durchschnitt daraus wird dann als Wert für das unbekannte Rating des Nutzers u angenommen.

Eine bessere Qualität der prognostizierten Werte für die unbekannten Ratings wird durch eine stärkere Berücksichtigung der Ähnlichkeiten bzw. Gewichtung der Benutzer erreicht (vgl. Schritt 3 – Auswahl der Mentoren – in Abbildung 20). D.h. Bewertungen anderer Benutzern u', deren User-Profil (Kapitel 2.2.3) große Übereinstimmungen mit dem des aktiven Benutzers u aufweisen, müssen in der Aggregation stärker ins Gewicht fallen.

---

24 Aggregation = „*Zusammenfassung mehrerer Einzelgrößen hinsichtlich eines gleichartigen Merkmals, um Zusammenhänge zu gewinnen*" (vgl. Lackes und Rottmann).

Aus diesem Grund wird in den Formeln 2.9c bzw. 2.9d (z.B. gemäß Breese et al. 1998)

- zu jeder Bewertung $r_{u',i}$ noch ein Gewicht / Korrelationskoeffizient $sim(u, u')$ (siehe Formel 2.8) und der passende Erwartungswert $\bar{r}_{u'}$ (siehe Formel 2.10),
- zur daraus resultierenden Summe ein Normalisierungsfaktor k (siehe Formel 2.11) sowie
- zum aktuellen User u dessen Erwartungswert $\bar{r}_u$ (siehe Formel 2.10)

hinzugenommen.

In Formel 2.9d sind $\bar{r}_u$ und $\bar{r}_{u'}$ als Erwartungswerte (Formel 2.10) zu verstehen (vgl. Basler 1994, S. 139). $\bar{r}_u$ ist als arithmetisches Mittel aller n Bewertungen des Benutzers u zu verstehen und kann folglich so berechnet werden (gleiches gilt für $\bar{r}_{u'}$):

$$\bar{r}_u = \frac{1}{n} \sum_{i=1}^{n} r_{u,i} \text{ bzw. } \bar{r}_{u'} = \frac{1}{n} \sum_{i=1}^{n} r_{u',i} \tag{2.10}$$

Mit Hilfe des Normalisierungsfaktor k (Formel 2.11) wird dann noch für eine Skalierung des Wertebereichs (auf üblicherweise 0 bis 1 oder bei einem Sterne-Bewertungssystem eines SwSmP auf 1 bis 5, Kapitel 3) der Summe der gewichteten Ratings der anderen User gesorgt (vgl. Zöller-Greer 2002, S. 295):

$$k = \frac{1}{\sum_{u' \in \hat{u}} |sim(u, u')|} \tag{2.11}$$

Nach Berechnung der „*Missing Values*"erfolgt auch hier – analog zum inhaltsbasierten Ansatz (Kapitel 2.2.4.1) – die Generierung der eigentlichen Empfehlungen aus der nun befüllten Bewertungsmatrix (vgl. Abbildung 21).

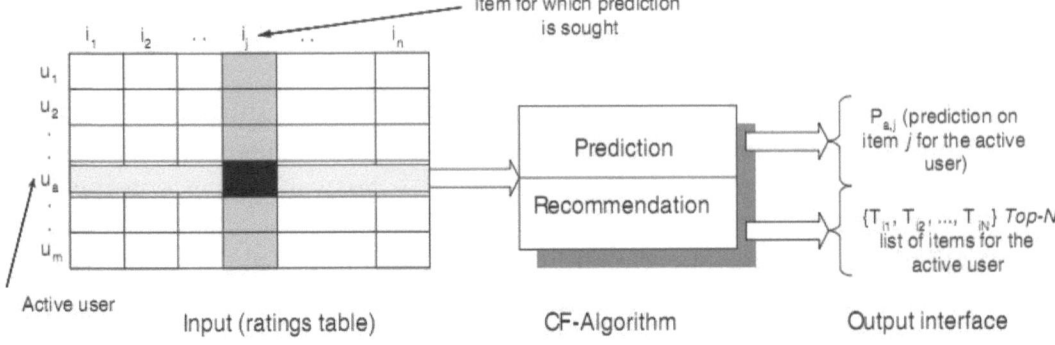

Abbildung 21: Prozessschritte beim (speicherbasierten) Collaborative Filtering [2] (nach Sarwar et al. 2001, S. 288)

MODELLBASIERTE (ITEM-BASED) VERFAHREN DES KOLLABORATIVEN FILTERNS

Einen neueren Ansatz stellt das modellbasierte CF-Verfahren (englisch: item-based) dar. Bekanntheit erlangte das item-based Collaborative Filtering[25] durch seine erfolgreiche Implementierung im Online-Buchhandels-Shop Amazon.com (vgl. Hussein und Gaulke 2010, S. 17).

Wie die vorherigen Absätze des Kapitels 2.2.4.2 deutlich machen, kann der empfehlungsbasierte Ansatz für RCS – je nach Größe der Bewertungsmatrix (Kapitel 2.2.3) – durchaus recht rechenintensiv werden. Als Verbesserung kommt hier das modellbasierte (item-based) Collaborative Filtering (CF)-Verfahren ins Spiel. Es verwendet als Berechnungs-Grundlage nicht das gesamte Datenmaterial der Bewertungsmatrix. Auch konzentriert es sich – im Gegensatz zum speicherbasierten (user-based) CF-Ansatz – mehr auf die Produkt-Ähnlichkeiten[26] (vgl. Sarwar et al. 2001) und arbeiten die Bewertungsmatrix demnach spaltenweise ab – vgl. Abbildung 21.

Diese Methodik lässt sich in eine Offline- und in eine Online-Phase unterteilen (vgl. Linden et al. 2003, S. 79). Zunächst werden – nach Möglichkeit – im Voraus zeitaufwändige Ähnlichkeitsberechnungen zwischen den Produkten (auf Basis der Bewertungen der Benutzer) offline durchgeführt. Diese werden in ein Modell überführt und in einer Item-Item-Matrix abgespeichert (analog zu den Tabellen *aehnlichkeiten_benutzer* und *aehnlichkeiten_kontext* in Kapitel 3.4.1 bzw. 3.4.3 in Abbildung 47). Zu den gebräuchlichsten Modellen gehören dabei Bayessche Netze, Cluster-Modelle und Neuronale Netze (vgl. Breese et al. 1998, S. 48). In der Online-Phase wird dann der Bewertungsvektor des aktiven Benutzers herangezogen und mit der vorher erstellten Item-Item-Matrix verglichen. Als Empfehlung werden dann die Produkte ausgegeben, welche ähnlich zu seinen in der Vergangenheit positiv bewerteten Produkten sind (vgl. Wörndl et al. 2009, S. 609).

In einigen Fachkreisen wird dieses Verfahren explizit vom speicherbasierten (user-based) CF-Ansatz abgegrenzt. Andere dagegen legen weniger Wert auf eine strikte Trennung (vgl. Hansen 2008, S. 79) und verweisen darauf, dass die Produkt-Ähnlichkeiten nur auf Basis der Bewertungen der Benutzer (= user-based) errechnet werden können. Darüber hinaus ist zu beachten, dass modellbasiertes kollaboratives Filtern – entgegen eines ersten Anscheins – wenig mit dem inhaltsbasierten RCS-Ansatz aus Kapitel 2.2.4.1 gemein hat, da – wie erwähnt – die Item-Ähnlichkeit nur auf Basis der Bewertungen der Benutzer errechnet wird und Produkt-Metadaten (Eigenschaften) keine Rolle spielen (vgl. Wörndl et al. 2009, S. 609).

KRITIKPUNKTE

Im Gegensatz zum inhaltsbasierten Ansatz (Kapitel 2.2.4.1) fallen durch z.B. das Heranziehen aller Benutzer in gewichteter Form (vgl. Auswahl von Mentoren, Abbildung 20) die Probleme der Überspezialisierung und Inhaltsanalyse nicht mehr so stark ins Gewicht. Weiterhin bestehen bleibt allerdings das New-User-Problem (vgl. Kapitel 2.2.4.1, ab S. 46). Darüber hinaus sind folgende Beschränkungen zu beachten (vgl. Adomavicius und Tuzhilin 2005, S. 740):

---

25 auch *„Item-to-Item Collaborative Filtering"*
26 = item-based

- PROBLEM VON NEUEN OBJEKTEN (APPS):
  Die Basis für kollaborative Filter sind die vorhandenen Produkt-Bewertungen der Benutzer. Wird eine App neu in den Angebotskatalog eines SwSmP aufgenommen (Kapitel 2.1.6.1), sind anfangs natürlich noch keine Bewertungen dafür vorhanden. Demzufolge kann es in der ersten Zeit auch nicht über ein Recommendersystem empfohlen werden (New-Item-Problem). Erst wenn die ersten User das Programm heruntergeladen, getestet und bewertet haben, kann es im Rahmen eines Recommendation-Prozesses empfohlen werden. Damit gehört das New-Item-Problem zu den Ramp-Up- bzw. Anlauf-Problemen (vgl. Kritikpunkte in Kapitel 2.2.4.1).

- DATENSPÄRLICHKEIT:
  Ein SwSmP ist prädestiniert für die Integration einer Recommender Komponente. Es treffen dort meist eine große Anzahl Artikel (z.T. mehr als 100.000 Apps, Tabelle 3) auf ebenso viele potentielle Konsumenten. Diese Tatsache lässt die User-Item-Matrix (Kapitel 2.2.3) ebenfalls sehr groß werden. Jedoch besteht die Gefahr, dass die Matrix nicht mit genügend vielen Bewertungen befüllt werden kann (Sparsity). Denn ohne eine ausreichende Anzahl von Usern, die Artikel bewerten, kann ein Recommendersystem auf Basis von kollaborativen Filtern keine sinnvollen Profilvergleiche anstellen und gute Empfehlungen generieren (vgl. Brocco et al. 2008, S. 67). Durch ein unkompliziertes Bewertungssysteme (z.B. Sterne) wird den Nutzern in einem SwSmP allerdings diese Hemmung genommen – so daß die Bereitschaft eine heruntergeladene App zu benoten hier höher ist, so dass meist genügend Bewertungen vorliegen.

Der hohe Rechenaufwand auf den Smartphones aufgrund der bei einem SwSmP sehr großen Bewertungsmatrix spricht gegen eine alleinige Verwendung von CF-Algorithmen in SwSmP. Denkbar wäre aber eine Kombination mit anderen RCS-Techniken in Form eines hybriden Ansatzes (Kapitel 2.2.4.6).

2.2.4.3 *Wissensbasierter Ansatz*

Die Grundlage zur Empfehlungsgenerierung nach wissensbasiertem Ansatz ist eine Wissensbasis, die Präferenzen des Benutzers auf Objekte abbilden kann (vgl. Burke 2001, S. 181). Diese muss so ausgestaltet sein, dass der Bezug zwischen dem Wunsch des Benutzers und der Eigenschaft eines Produkts (z.B. einer App) hergestellt werden kann. Dafür ist zum einen die Erfassung und Interpretation der User-Wünsche erforderlich, zum anderen muss natürlich auch parallel die Wissensbasis aufgebaut werden. Dazu müssen dabei die folgenden drei Wissensarten verarbeitet werden (vgl. im Folgenden Burke 2002, S. 5):

- KATALOGWISSEN:
  Damit sind Informationen und Eigenschaften der zu empfehlenden Objekte gemeint. In einem SwSmP könnten dies beispielsweise unter anderem die Kategorien sein, in die eine App eingruppiert wurde (z.B. Business → Navigationshilfen).

- FUNKTIONALES WISSEN:
  Hieruner fällt das Wissen darüber, welche Eigenschaften ein Produkt (eine

App) haben muss, um die Wünsche der Konsumenten bestmöglich zu erfüllen. So sollte eine Recommender Komponente in einem SwSmP z.B. vereinfacht wissen, dass ein Musicplayer eher dem Nutzerwunsch nach Unterhaltung entspricht als ein Terminplaner.

- BENUTZERWISSEN:
  Um sinnvolle Empfehlungen geben zu können, benötigt ein wissensbasiertes Recommender-System Wissen über den Benutzer und dessen Präferenz. Um an dieses Wissen zu gelangen, kann das System entweder den User direkt dazu befragen (z.B. durch Formularabfragen oder Fragebögen) oder es nutzt implizite Informationsquellen (vgl. auch explizite/implizite Kontext-Gewinnung in Kapitel 2.3.3)– wie etwa generelle demographische Informationen (so sind z.B. ältere Nutzer höchstwahrscheinlich nicht so sehr am Mobile Gaming Segment eines SwSmP interessiert).

PROBLEMBEREICHE

Das Ramp-Up-Problem und die Datenspärlichkeit – also die Hauptprobleme der inhaltsbasierten Methode (Kapitel 2.2.4.1) und des kollaborativen Filterns (Kapitel 2.2.4.2) – fallen bei der wissensbasierten Ausgestaltung eines RCS nicht mehr so stark ins Gewicht. Dies ist in der Generierung der Empfehlungen aus einer bestehenden Wissensbasis begründet. Dennoch gibt es auch hier Kritikpunkte (vgl. Burke 2002, S. 6):

- AUFBAU DER WISSENSBASIS:
  Zentraler Bestandteil wissensbasierter Recommendersysteme ist die Wissensbasis. Sie legt die Basis für die Qualität der aus ihr abgeleiteten Empfehlungen. Daher ist ein hoher und nachhaltiger Aufwand in Bezug auf den Aufbau und die regelmäßige Pflege der Wissensbasis notwendig.

- STATISCHE EMPFEHLUNGEN:
  Sowohl der inhaltsbasierte (Kapitel 2.2.4.1) als auch der empfehlungsbasierte Ansatz (Kapitel 2.2.4.2) haben den Vorteil, dass automatisch eine Anpassung der Empfehlungen im Zeitverlauf erfolgt. D.h. der Inhalt der Bewertungsmatrix (Kapitel 2.2.3) ändert sich fortlaufend: die User bewerten beispielsweise die neu in ein SwSmP aufgenommenen Programme, die dann auch für die Generierung von Empfehlungen herangezogen werden können. Demzufolge werden von Zeit zu Zeit auch neue Programme den Konsumenten empfohlen. Dagegen greifen wissensbasierte RCS ausschließlich auf eine statische Wissensbasis zu und gelten somit als nicht lernfähig.

2.2.4.4 *Nutzenbasierter Ansatz*

Einen äußerst flexiblen RCS-Ansatz stellt das utility-based filtering (= nutzenbasierter Ansatz) dar. Dieses Verfahren basiert auf der Idee, dass beispielsweise ein SwSmP-Kunde direkt im Shop seine Bedürfnisse bzw. Anforderungen an die gesuchten Apps (z.B. in Form eines Web-Formulars) kund tut. Durch diese Angaben wird für jedes Produkt sein Nutzfaktor für den User errechnet. Dieser basiert auf der Übereinstimmung der eben geäußerten Anforderungen an eine App mit deren Eigenschaften und Attribute . Die Apps, die für den aktuellen Nutzer den höchsten Nutzfaktor aufweisen, werden als Empfehlung angezeigt. Von zentraler Bedeutung bei dieser Herangehensweise ist dabei das Aufstellen einer individuellen Nutzenfunktion für jeden User zur Berechnung der Nutzenfaktoren (vgl. Burke 2002, S. 333).

Der Verzicht auf langfristige Verallgemeinerungen (wie etwa beim demographischen Ansatz, Kapitel 2.2.4.5), dazu die Möglichkeit, jederzeit auf veränderte Nutzer-Präferenzen reagieren zu können, sowie der Verzicht auf eine Speicherung privater Benutzerprofile in der Hintergrund-Datenbank, gehören sicherlich zu den Vorteilen des nutzenbasierten Ansatzes. Dadurch, dass erst durch eine explizite Preisgabe seiner Präferenzen – und nicht automatisch – dem Nutzer personalisierte Empfehlungen (Kapitel 1.3) angezeigt werden können, lässt dieses Modell für einen in dieser Arbeit geplanten Einsatz in SwSmP ausscheiden .

2.2.4.5 Demographischer Ansatz

Demographische Recommender-Systeme stellen eine Erweiterung des Collaborative Filtering dar (Kapitel 2.2.4.2). Im Unterschied zu den empfehlungsbasierten Verfahren werden hier aber demographische Informationen der Benutzer zur Ähnlichkeitserkennung herangezogen. Hierzu wird die Bewertungsmatrix transformiert (Abbildung 22). D.h. die Nutzer (und ihre Bewertungen) werden gemäß ihrer demographischen Eigenschaften (z.B. Herkunftsland, Lebensalter, Religion, Gehalt, ...) bestimmten Klassen (Clustern/Stereotypen) zugeordnet (vgl. Montaner et al. 2003, S. 308).

Die Matrix wird von der Einzelnutzer-Ebene auf Gruppen-/Klassen-Ebene reduziert. Die Bewertungen in der transformierten Matrix spiegeln demnach nicht mehr die Meinung eines Einzel-Users zu einer App wieder, sondern die (aggregierte) Meinung der gesamten (demografischen) Gruppe zu dieser App. Abbildung 22 illustriert diesen Transformationsschritt. Die Empfehlungen werden dann für den aktuellen User bzw. dessen demographische Gruppe ausgesprochen (vgl. Abbildung 21).

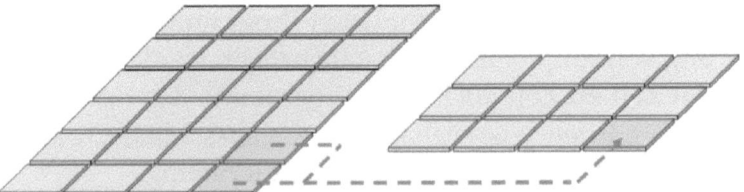

Abbildung 22: Demographische Clusterung der Bewertungsmatrix (eigene Darstellung)

Die demographische Gruppen-Zuordnung durch ein RCS kann auf Grundlage unterschiedlicher Datenerhebungen erfolgen (vgl. im Folgenden Burke 2002, S. 334):

- Antworten, die der Nutzer in einem interaktiven Fragebogen angibt, lassen Rückschlüsse auf die Gruppen-Zugehörigkeit des Nutzers zu,

- Marktforschungsergebnisse (z. B. Milieustudien) dienen als Grundlage zur Bildung von demographischen Gruppen,

- Klassifizierung mittels Data-Mining-Verfahren[27]

Im konkreten Fall eines kontextsensitiven RCS in einem SwSmP lassen sich auch die Kontext-Informationen (Kapitel 2.3) der Shop-Kunden (z.B. aktuelle GPS-Information oder verwendetes Betriebssystem) auswerten, wodurch auch eine Zuordnung zu Klassen bzw. Stereotypen möglich ist.

KRITIKPUNKTE

Da der demografische Ansatz auf dem Collaborative Filtering basiert, gelten die dort (Kapitel 2.2.4.2) erwähnten Schwachstellen auch hier. Allerdings müssen noch weitere Punkte bedacht werden:

- STEIGENDE SENSIBILISIERUNG DER NUTZER HINSICHTLICH DER PREISGABE PERSÖNLICHER DATEN
  Größtenteils setzen demografische Recommender auf die freiwillige Preisgabe von privaten Daten durch die Nutzer (z.B. in Form des oben erwähnten Fragebogens). Wegen zunehmender Datenschutz-Probleme (u.a. Stichwort *Telekom-Datenskandal*[28]) werden die User immer sensibler hinsichtlich der Preisgabe privater Informationen. Dies könnte zukünftig den demographischen Verfahren die Daten-Grundlage für die Gruppen-Zuordnung entziehen. Auch der Aufwand bzw. die Kosten für die Beschaffung anderweitiger Klassifizierungsinformationen (z.B. Studien) sollte nicht übersehen werden.

- MANGELNDE PERSONALISIERUNG
  „Demographic filtering is based on a generalization of the user's interests, so the system recommends the same items to people with similar demographic profiles. As every user is different, these recommendations prove to be too general" (siehe Montaner et al. 2003, S. 308). Dies offenbart einen Wiederspruch zum in der Einleitung geäußerten Ziel von personalisierten Empfehlungen (Kapitel 1.3).

- FEHLENDE AKTUALISIERUNG
  Demographischen Empfehlungssystemen fehlt eine automatische Anpassung an Veränderungen. So bleiben Änderungen hinsichtlich der Klassen-Zugehörigkeit einzelner User oder das Auftreten neuer Klassen unberücksichtigt (vgl. Koychev 2000).

Aufgrund der oben geschilderten Schwachstellen findet der demographische Ansatz keine Berücksichtigung in der Konzeption zur Empfehlung von Applikationen aufgrund kontextsensitiver Informationen (Kapitel 3.1.1) bzw. in der anschließenden Realisierung eines Prototypen (Kapitel 3.4).

---

27 *„Data Mining bedeutet buchstäblich Schürfen oder Graben in Daten* (hier z.B. in den App-Beschreibungen), *wobei das implizite Ziel, wonach gegraben wird, Informationen beziehungsweise Wissen* (hier z.B. über eine Klassen-Zugehörigkeit) *sind"* (siehe Alpar 2000, S. 3).
28 siehe z.B. http://www.n24.de/news/newsitem_5834521.html

2.2.4.6 Hybrider Ansatz

Hybride Recommendersysteme kombinieren zwei oder sogar mehrere der in Kapitel 2.2.4.1 bis 2.2.4.5 beschriebenen Ansätze. Das Ziel liegt darin, die Vorteile der Einzelverfahren auszunutzen und gleichzeitig ihre Kritikpunkte abzumildern. Von Nutzen kann auch sein, unterschiedliche Techniken innerhalb eines Ansatzes zu verknüpfen – wie z.B. zwei Varianten der Ratingfunktion (vgl. Burke 2007, S. 380).

Am gebräuchlichsten ist jedoch die Kombination aus inhaltsbasiertem (Kapitel 2.2.4.1) und empfehlungsbasiertem Ansatz (Kapitel 2.2.4.2). Ramp-Up-Probleme (insbesondere das New-Item-Problem) und das Problem der Datenspärlichkeit können somit verringert werden. Ein Beispiel für eine solche Verbindung wird im noch folgenden praktischen Teil der Thesis in Kapitel 3.4.3 gegeben.

Für die Art und Weise, wie die bisher vorgestellten RCS-Ansätze miteinander kombiniert werden können, werden sieben verschiedene Varianten vorgestellt (vgl. im Folgenden Burke 2007, S. 380 ff.):

- GEWICHTET:
  Hier errechnet jeder Ansatz individuell für sich Empfehlungen. Eine lineare Rechenvorschrift führt die Ergebnisse dann zusammen.

- GESCHALTET:
  Bei dieser Variante existiert ein Entscheidungsmerkmal, das vorgibt, welche RCS-Komponente die Empfehlungen berechnen soll. Ein Beispiel für ein solches Kriterium ist die anzunehmende Prognosegüte[29] der verknüpften Ansätze. Denkbar wäre auch, immer nur die Empfehlungen von einer bestimmten Komponente generieren zu lassen. Erst wenn diese kein befriedigendes Ergebnis liefert, wird auf den anderen RCS-Ansatz zurück gegriffen.

- GEMISCHT:
  Jede der hier eingebundenen Recommender-Verfahren berechnet die Empfehlungen. Alle Ergebnisse werden in einer gemeinsamen Liste dargestellt, die der Nutzer dann z.B. nach seinen Wünschen sortieren kann.

- EIGENSCHAFTSKOMBINATION:
  Bei dieser Interpretation des hybriden Ansatzes dienen die Resultate eines Recommenders als Eingangsinformationen für eine weitere Komponente. Beispielsweise können kollaborativen Daten (Kapitel 2.2.4.2) als Eigenschaften von Objekten angesehen werden. Anschließend nutzt das inhaltsbasierte Verfahren (Kapitel 2.2.4.1) dann diese neuen Produktmerkmale für seine Berechnungen.

- EIGENSCHAFTSERWEITERUNG:
  Diese Art wird auch „Feature Augmentation" genannt. Dabei läuft einer primären Recommender-Komponente eine Hilfskomponente vorweg. Das sekundäre RCS-Element optimiert im Voraus die Eingangsdaten für seinen Nachfolger. So könnte z.B. eine vorgeschaltete inhaltsbasierte Komponente

---

29 Prognosegüte = „Vergleich der mit einem Prognoseansatz bzw. -modell erzeugten Prognosewerte mit den im Prognosezeitraum tatsächlich eingetretenen Werten" (siehe Meissner 2004, S. 216)

für einen Benutzer virtuelle Bewertungen bestimmen. Eine nachgelagerte kollaborative Komponente greift dann auf diese zusätzlichen Eingangsdaten zu.

- KASKADIERT:
Hier existiert für die Recommender-Komponenten eine streng hierarchische Rangordnung. Eine Überstimmung der Primär- durch die Sekundärkomponente ist demnach nicht möglich. Wenn beispielsweise für unterschiedliche Produkte die Primärkomponente den gleiche Nutzen für den User prognostiziert hat, kann das untergeordnete RCS-Verfahren herangezogen werden, um hier hinsichtlich der Empfehlungen dennoch eine klare Rangfolge herzustellen.

- METAEBENE:
Die Verknüpfung von Recommendern auf der Metaebene ist eine Weiterentwicklung der Variante der Eigenschaftserweiterung. Allerdings erfolgt hier keine Ergänzung der Eingangsdaten (durch die neu generierten Attribute), sondern eine komplette Ablösung. Basis für die Hauptkomponente ist somit ein von der vorgelagerten Komponente generiertes Datenmodell. Der erwähnte praktische Teil (Kapitel 3.4.3) basiert auf dieser Variante.

2.3 KONTEXT

Die letzte große Grundlagen-Säule (vgl. Abbildung 1) umfasst Kontext als neu zu integrierendes Themengebiet in RCS. Dazu soll in diesem Kapitel zunächst auf die Begrifflichkeiten (Kapitel 2.3.1.1, 2.3.1.2) sowie auf die Klassifizierungen hinsichtlich konkreter Kontextarten bzw. -dimensionen (Kapitel 2.3.2) eingegangen werden. Abgerundet wird dies durch einen Ausblick auf die Erfassungs-Möglichkeiten bestimmter Kontextarten – insbesondere mittels mobiler Endgeräte als Plattform für App-Recommender (Kapitel 2.3.3).

2.3.1 Begriffsbestimmung und Definitionen

Zu den zentralen Begriffen zählen zum einen der Kontext (Kapitel 2.3.1.1) sowie die daraus resultierenden kontextsensitiven Dienste bzw. Anwendungen (Kapitel 2.3.1.2). Beide werden hier im Anschluss erläutert.

2.3.1.1 Kontext

Die Kontext-Betrachtung ist eine noch recht junge IT-Disziplin. 1994 tauchte der Begriff Kontext im Rahmen des Ubiquitous Computing[30] erstmals auf (vgl. Schilit und Theimer 1994, S. 22-32).

---

30 Ubiquitous Computing beschreibt eine durchgängige, überall eindringende, digitale Unterstützung vieler Personen mit Hilfe von personalisierten Diensten (z.B. personalisierte App-Empfehlungen in einem SwSmP). Der Computer wird integrativer Bestandteil der physischen Realität indem informationstechnologische Bauteile mit Objekten der realen Welt (z.B. Stuhl, Kleidungsstück, Häuserfassade) verschmelzen (vgl. Fleisch 2001, S. 177-191).

Unter Kontext versteht man ganz allgemein Umstände oder Bedingungen, die etwas (z.B. das Interesse für bzw. das Bedürfnis nach bestimmten Apps) beeinflussen (vgl. Adomavicius und Tuzhilin 2008, S. 5). Auf IT-Anwendungen bezogen, kann Kontext noch einfacher und intuitiver formuliert werden. Gemäß Lieberman (siehe 2000, S. 618) ist Kontext *„... all but the explicit input and output of an application"* (vgl. auch Abbildung 23). Diese Kontext-Informationen ermöglichen, dass sich Software (z.B. ein Recommendersystem) entsprechend einstellt bzw. anpasst. Als Kontext werden hier hauptsächlich der aktuelle Ort (*„location of use"*), die Personen und Objekte in der Nähe, sowie die Art und Weise, wie sie sich mit der Zeit verändern (vgl. Schilit und Theimer 1994, S. 22-32), angesehen (weitere Kontextarten in Kapitel 2.3.2).

Eine weitere Kontext-Definition ist abstrakter und benötigt keine Fallbeispiele: *„Context is any information that can be used to characterize the situation of an entity. An entity is a person, place, or object that is considered relevant to the interaction between a user and an application, including the user and applications themselves"* (siehe Abowd et al. 1999, S. 306 f.).

Der indische Wirtschaftswissenschaftler Coimbatore Krishnarao Prahalad misst der Berücksichtigung des Kunden-Kontexts zukünftig große Bedeutung bei und stellt fest, dass *„the ability to reach out and touch customers anywhere at anytime means that companies must deliver not just competitive products but also unique, real-time customer experiences shaped by customer context"* (siehe Palmisano et al. 2007, S. 369). D.h. SwSmP sollten die Präsentation ihrer Produkte (= Applikationen) auch kundenindividuell an den Kontext (z.B. Zeit, Ort, Mobiltelefon) des jeweiligen Nutzers anpassen.

2.3.1.2 *Kontextsensitive Dienste und Anwendungen*

Aus dem Begriff Kontext resultieren im nächsten Schritt die kontextsensitiven Dienste und Anwendungen (englisch: context-aware services and applications). Man versteht darunter Anwendungen, die Informationen filtern, interpretieren und folglich ihre Funktionalität an den Kontext anpassen (vgl. Kölmel 2003, S. 374). Kontext-Informationen stellen also impliziten (indirekten) Input für solche Programme dar (siehe Abbildung 23).

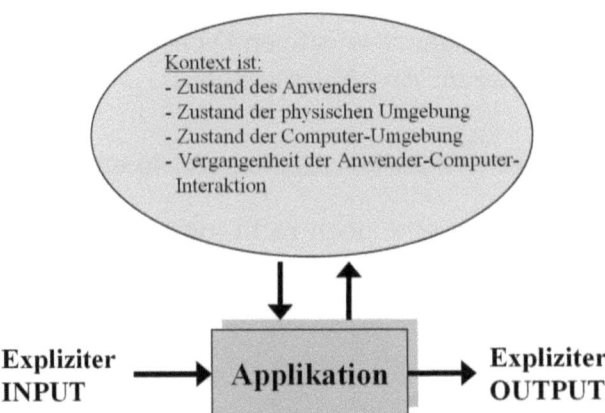

Abbildung 23: Kontext-Informationen als impliziter Input für Applikationen (entnommen von Kölmel 2003, S. 374)

Durch die Auswertung des Kontextes sollen dem Nutzer möglichst individuell relevante Informationen und nützliche Dienste zur Verfügung gestellt werden: „*A system is context-aware if it uses context to provide relevant information and/or services to the user, where relevancy depends on the user's task*"(siehe Abowd et al. 1999, S. 306 f.).

Kontext-Informationen können laut Abowd et al. (1999) auf drei Arten in kontextsensitive Anwendungen einfließen. Man spricht hier von den so genannten Kontextfunktionen:

- PRESENTATION: Hier stellen kontext-sensitive Anwendungen dem Nutzer die Kontext-Informationen direkt bereit. Diese kann er dann für eine Auswahl bestimmter Tätigkeiten nutzen.

- EXECUTION: In diese Kategorie fallen kontext-sensitive Anwendungen, die aufgrund bestimmter Kontext-Situationen automatisch Dienste oder Befehle für den Nutzer ausführen oder das System rekonfigurieren (z.B. Navigationssysteme mit automatischer Routenneuberechnung, wenn der Nutzer die berechnete Route verlässt).

- TAGGING: Hierunter fallen kontext-sensitive Anwendungen, welche Kontext-Informationen lediglich zu anderen Daten hinzufügen, um sie zu einem späteren Zeitpunkt besser einordnen zu können.

Ein im Rahmen der vorliegenden Thesis angestrebtes mobiles Empfehlungssystem, welches aufgrund des aktuellen Nutzer-Kontexts personalisiert Applikationen aus einem SwSmP empfiehlt (kurz: CaRS), gehört demnach in die zweite Kategorie kontext-sensitiver Anwendungen (EXCECUTION).

2.3.2 *Kontextarten und ihre Darstellung*

Kontextinformationen können unterschiedlicher Natur und Herkunft sein. Gemäß Schmidt et al. (1999, S. 895f.) beeinflussen menschliche Faktoren und die physikalische Umgebung eine Entscheidung (Abbildung 24) – z.B. für oder gegen eine App aus einem SwSmP.

Als menschliche Einflussfaktoren können z.B. die Stimmung des Benutzers, der Zweck, für den er eine App sucht (privat oder geschäftlich), oder die ihn umgebenen Personen (soziales Umfeld) gesehen werden. Auch die Aktivitäten in sozialen Netzwerken (z.B. Freundeslisten oder Gruppenmitgliedschaften in Facebook, XING, etc.) könnten hier als sozialer Kontext des Users herangezogen werden (vgl. Wörndl und Groh 2007, S. 123). Zu den technischen Einflussfaktoren zählen beispielsweise der Ort, an dem sich der Benutzer gerade befindet, die gerade verfügbare technische Infrastruktur – wie etwa das Mobilfunknetz (Kapitel 2.1.2) oder der Smartphone- bzw. Betriebssystem-Typ (Kapitel 2.1.3, 2.1.4)– oder die zeitlichen Umstände, unter denen eine App benötigt wird (z.B. wochentags oder Wochenende).

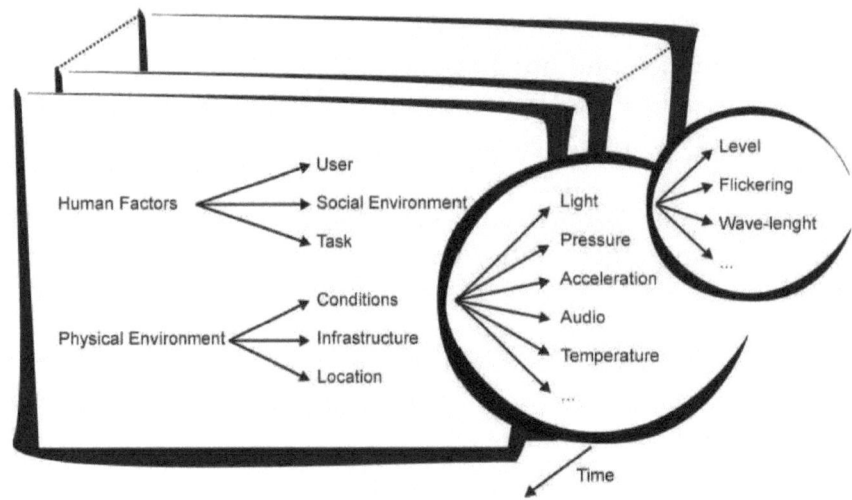

Abbildung 24: Klassifizierung der Kontextarten bzw. -dimensionen (entnommen von
Schmidt et al. 1999, S. 895)

Theoretisch lassen sich noch eine Vielzahl weiterer Dimensionen in ein Kontextmo-
dell[31] aufnehmen. Entscheidend ist dabei, ob geeignete Sensoren zur Erfassung der
Kontextinformationen vorliegen (Kapitel 2.3.3). Zu deren Einbeziehung in mobile
Empfehlungssysteme (Kapitel 3.1.1) bietet sich eine Darstellung in Vektorenform an
(vgl. Wörndl und Groh 2007, S. 125), ähnlich der Visualisierung der traditionellen
RCS-Komponenten Benutzerprofil oder Produkt-Metadaten in Kapitel 2.2.2. Ein
Beispiel für einen solchen Kontext-Vektorraum zeigt Abbildung 25.

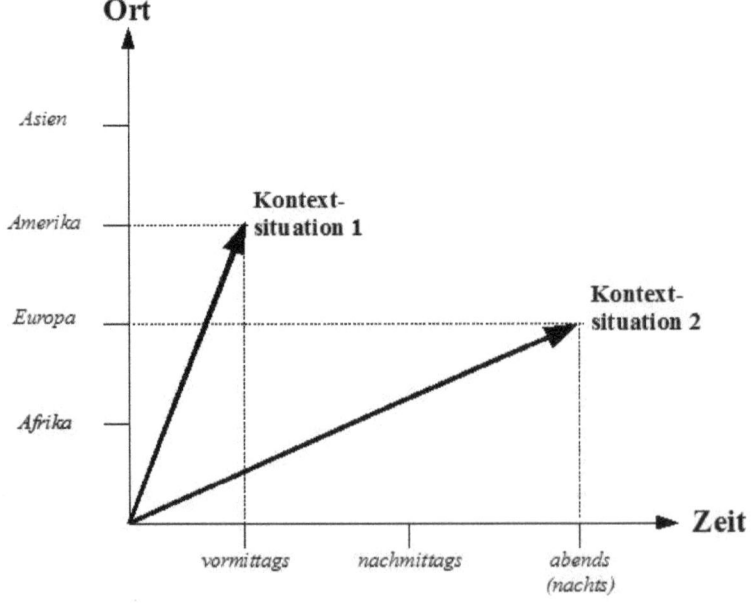

Abbildung 25: Beispiel eines konkreten Kontext-Vektorraum-Modells (eigene Darstellung)

---

31 *„Ein Kontextmodell beschreibt, welche Informationen über welche Realweltobjekte für bestimmte Anwen-
dungsdomänen relevant sind und welche Zusammenhänge zwischen diesen bestehen"* (siehe Schill 2007, S.
310).

Zur besseren Darstellbarkeit beinhaltet das hier gezeigte Kontextmodell vereinfachend nur die beiden Dimensionen Zeit und Ort. Die Kontextart Zeit hat hier die möglichen Ausprägungen vormittags, nachmittags und abends (nachts). Die Kontextart Ort kann die Werte Europa, Asien, Afrika und Amerika annehmen. Der Vektorraum enthält in diesem Beispiel zwei Vektoren. Diese spiegeln zwei Kontextsituationen wieder, die beispielsweise eine Recommender Anwendung bei der Aussprechung von Empfehlungen zu beachten hat bzw. für die das CaRS seine Empfehlungen anpassen muss. Wird beispielsweise ein kontext-sensitiver SwSmP vormittags von einem Nutzer aus Amerika (= Kontextsituation 1) aufgerufen, sollten diesem andere Apps zum Erwerb angeboten werden, als einem Nutzer aus Europa, der den SwSmP abends (nachts) anwählt (= Kontextsituation 2).

2.3.3 Kontexterfassung und -quellen

Damit Kontext-Informationen (aus Kapitel 2.3.2) von einem Recommendersystem verwendet werden können, müssen

a) Umgebungsinformationen aus unterschiedlichen Quellen erfasst,

b) diese in iterativen Schritten zu höherwertigem Kontext weiter aufbereitet bzw. aggregiert (siehe Kontext-Pyramide, Abbildung 26) und

c) abschließend den kontextsensitiven Programmen (Kapitel 2.3.1.2) zur Verfügung gestellt werden (vgl. Schill 2007, S. 305).

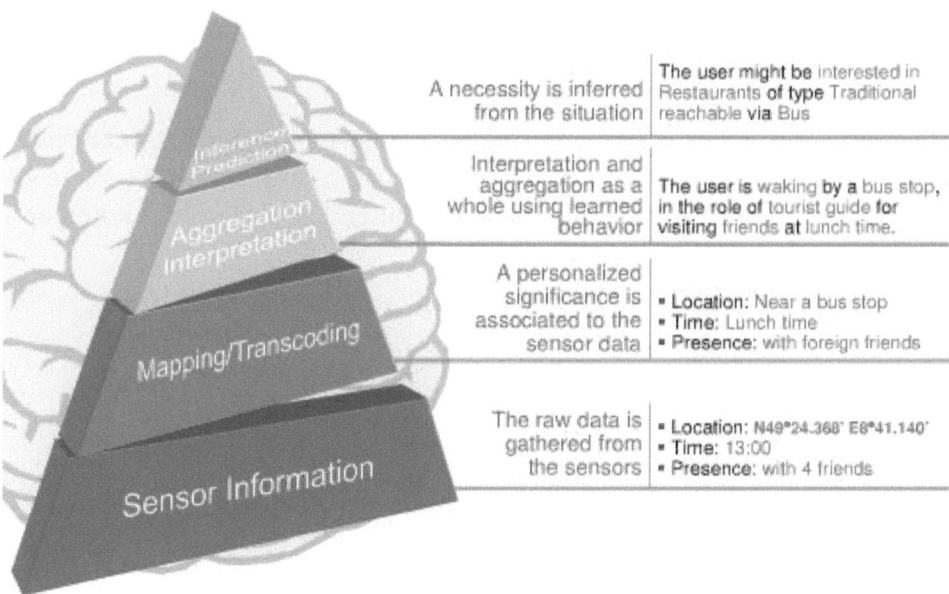

Abbildung 26: Kontext-Pyramide (nach Kovacs 2008, S. 7)

Für Schill (2007, S. 306) kommen die folgenden physikalischen Kontextquellen in Frage:

- Sensoren bzw. Sensornetzwerke (z.B. das GPS-Modul eines mobilen Endgerätes),

- Datenbanken,

- Frameworks und

- Anwendungen (z.B. die Systemuhrzeit abgeleitet aus dem mobilen Betriebssystem)

Durch diese Sensoren wird der Kontext implizit bestimmt. Aber auch die explizite Preisgabe seiner Kontext-Informationen durch den Nutzer selbst ist denkbar – wie etwa durch Statusmeldungen (z.B. *„bin gerade einkaufen"*) in sozialen Netzwerken (vgl. Wörndl und Groh 2007, S. 123). Hier bleibt allerdings die Frage, wie groß die Bereitschaft der Nutzer dazu ist.

Zum Teil sind die Kontextinformationen Nebenprodukte dieser Quellen, da diese hauptsächlich eine ganz andere Kernfunktion erfüllen. Für die Konzeption und das Design einer (mobilen) Software-Anwendung kann auch der Ort der Kontexterhebung von Interesse sein.

„Zum einen können alle Funktionen zur Erfassung und Verarbeitung von Kontext in die Anwendung integriert werden, [...] d.h., jede Anwendung verwaltet ihre Kontextquellen selbst und setzt auch die Abstraktion von Kontextinformationen eigenständig um. [...] Dieser Ansatz eignet sich für lokale und abgeschlossene Systeme (z.B. mobile Endgeräte, die mit entsprechenden Sensoren ausgestattet sind) [...]. Zum anderen können Anwendungen auf eine Kontextinfrastruktur zugreifen, die als eigenständige Software Sensoren verwaltet und Kontextinformationen abstrahiert, die dann verschiedenen Anwendungen zur Verfügung stehen. Dabei können Aspekte des Zugriffs auf Sensoren, der Abstraktion von Kontextinformationen sowie der Verteilung der Informationen vollständig vor der Anwendung verborgen werden" (siehe Schill 2007, S. 308, 309).

Abschließend sollte nicht unerwähnt bleiben, dass es bei der Kontextermittlung aufgrund fehlerhafter Messungen oder schlechter Empfangsqualität (z.B. in Gebäuden oder im Tunnel) zu fehlerhaften oder ungenauen Kontextwerten kommen kann (vgl. Schill 2007, S. 309).

Teil III

TECHNISCHE UMSETZUNG

PROTOTYPISCHE INTEGRATION EINES CARS IN EINEN SWSMP

Die im vorherigen Kapitel dargelegten theoretischen Grundlagen sollen nun im praktischen Teil zu einer kontext-sensitiven Recommender-Komponente (CaRS) innerhalb eines SwSmP umgesetzt werden (vgl. Abbildung 1). Dazu wird zunächst modelltechnisch erörtert, wie die zusätzliche Kontext-Dimension (Kapitel 2.3) in ein Empfehlungssystem (Kapitel 2.2) integriert werden kann (Kapitel 3.1).

Nach diesen modelltypischen Betrachtungen soll in den Kapiteln 3.2 und 3.3 schrittweise die praktische, technische Umsetzung dargestellt werden. So gibt Kapitel 3.2 ein Überblick über die Besonderheiten der App-Entwicklung für die Ziel-Plattform Android (Kapitel 2.1.4.4). Technische Rahmenbedingungen der Programmierung (wie z.B. Entwicklungsumgebung oder Testgeräte) ergeben sich dann aus Kapitel 3.3. Den Abschluss von Kapitel 3 bildet die Beschreibung und Visualisierung des implementierten Prototypen eines mobilen App-Recommendersystems (Kapitel 3.4).

3.1 RAHMENBEDINGUNGEN DER KONTEXT-INTEGRATION

Die folgenden Unterkapitel beschäftigen sich mit den modelltechnischen und gestalterischen Rahmenbedingungen bei der Integration einer zusätzlichen Kontext-Dimension (Kapitel 2.3) in ein klassisches zwei-dimensionales Recommendersystem (Kapitel 2.2). Dazu soll zunächst das multidimensionale Recommendation-Modell nach Adomavicius et al. (2005) mit den darauf anwendbaren Methoden aus dem Data Warehouse Umfeld vorgestellt werden (Kapitel 3.1.1).

Wie in diesem 3D-Modell dann trotzdem die klassischen Algorithmen (Kapitel 2.2.4) zur Empfehlungs-Berechnung angewendet werden können, erschließt sich durch den darauf aufbauenden multidimensional-reduzierenden Ansatz (Kapitel 3.1.2). Daran anschließend werden die Variationsmöglichkeiten bei der Gestaltung von CaRS (Kapitel Kapitel 3.1.3) aufgeführt, zusammen mit einer Einordnung des entwickelten Prototyps in den so genannten *„design space"*(Kapitel 3.4).

3.1.1 *Multidimensionales Recommendation-Modell*

Adomavicius et al. (2005, S. 113ff.) sprechen sich – wie schon in Kapitel 1.1 angedeutet – dafür aus, den Kontext in Form von weiteren Dimensionen[32] der Bewertungsmatrix abzubilden und Methoden des Online Analytical Processing (kurz: OLAP) darauf anzuwenden. Um aus den Kontextdaten nun einen solchen multidimensionalen Vektorraum (Abbildung 27) ableiten zu können, müssen diese in

---

32 also zusätzlich zu den bereits existierenden Dimensionen User und Item

logisch eigenständige Merkmale (wie z.B. geographische Länge und Breite bzw. verwendetes Android-Betriebssystem) aufgeteilt und als Dimensionen aufgefasst werden.

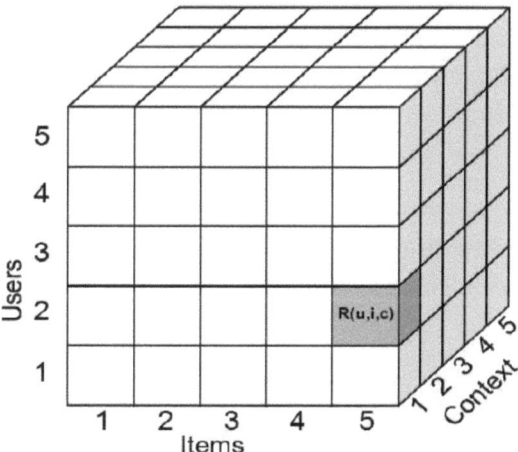

Abbildung 27: Kontext-Integration in Recommender Systeme: die User-Item-Context Matrix (entnommen von Wörndl und Groh 2007, S. 124)

Eine zwei-dimensionale Bewertungsmatrix mit den Dimensionen Nutzer und Produkt (Kapitel 2.2.3) wird somit z.B. mit den zerlegten Kontext-Dimensionen Zeit und Ort zu einem mehrdimensionalen Hypercube (Abbildung 27) ergänzt. Ein Rating repräsentiert hier das Ergebnis, welches aus einer mathematischen Funktion und der Kombination aller unabhängigen Werte entlang der Dimensionen eindeutig zugeordnet werden kann (vgl. Bodendorf 2006, S. 40). Im multidimensionalen Recommendation-Modell kann diese allgemeine Ratingfunktion R folgendermaßen dargestellt werden (vgl. auch Formel 2.1):

$$R : D_1 \times \ldots \times D_n \rightarrow Ratings \qquad (3.1)$$

Die neuen Dimensionen $(D_1, \ldots, D_n)$ des multidimensionalen Datenmodells lassen sich mittels Methoden des OLAP in Aggregationshierarchien strukturieren. So lässt sich die Dimension Zeit z.B. auch in der Hierarchie Tag → Monat → Jahr realisieren. Ziel solcher Rangordnungen ist es, Sichten auf die Daten in verschiedenen Aggregationsstufen zu ermöglichen – beispielsweise die Summe der monatlichen Umsätze für alle Unternehmensfilialen eines Landes. Für die Navigation und Aggregation im multidimensionalen Datenmodell sieht Bodendorf (2006, vgl. anschließend S. 41f.) folgende Operatoren:

- DRILL-DOWN/ROLL-UP:
  Diese Methodiken ermöglichen die Navigation entlang der Hierarchie-Stufen einer Dimension: Drill-Down in abwärtiger Richtung (mehr Details) und Roll-Up in aufwärtiger Richtung (weniger Details).

- SLICING/DICING:
  Unter Slicing versteht man die Dimensions-Reduzierung eines Hypercubes: nach Fixierung der Werte von n Dimensionen in einem Datenwürfel (z.B.

Dimension „Zeit" wird auf das Jahr 2010 fixiert), verbleibt beispielsweise nur noch eine Datenscheibe . Die in Kapitel 3.4.3 (Schritt 5) folgende Abbildung 44 verdeutlicht diesen Schritt. Das so genannte Dicing konzentriert sich dagegen nicht nur auf einen speziellen Dimensionswert, sondern schränkt den Wertebereich der betrachteten Dimension nur auf mehrere Werte ein (z.B. Dimension „Zeit" wird auf Werte von 1999 bis 2010 reduziert). Dies führt dazu, dass von einem großen Hypercube nur noch ein kleiner Bereich übrig bleibt.

- ROTATE:
  Die Rotate- oder Pivoting-Operation führt zu einer Drehung des mehrdimensionalen Datenmodells und ermöglicht so die Betrachtung der Daten aus einer anderen Sicht.

Grundsätzlich lassen sich die erwähnten Techniken auch im mathematischen Sinne auf eine multidimensionale Rating-Matrix anwenden. Beispielsweise kann bei einem RCS für mobile Applikationen nicht nur ein Rating $R(User, x)$ eines Users für ein bestimmtes Programm ermittelt werden (Formel 3.1), sondern – bei entsprechender Modellierung – auch für eine ganze Klasse (z.B. Berufliches, Mobile Games, ... = $R(User, games)$):

$$R(User, games) = aggr_{x.genre=games} R(User, x). \tag{3.2}$$

Zu beachten ist, dass in dieser Konstellation als Aggregationsfunktion ($aggr$) keine Summenbildung möglich ist. Bei der Aggregation von Bewertungen muss stattdessen immer eine Durchschnittsberechnung eingesetzt werden (Formel 2.9b aus Kapitel 2.2.4.2). Wird diese Einschränkung beachtet, lassen sich gemäß Adomavicius et al. (2005, S. 119) traditionelle RCS-Verfahren (Kapitel 2.2.4) auch im multidimensionalen Datenmodell – welches hier durch die Integration der Kontext-Dimension entsteht – anwenden.

3.1.2 *Multidimensional-reduzierender Ansatz*

In Kapitel 1.1 wurde dieser dimensionsreduzierende Ansatz bereits kurz vorgestellt. Er basiert auf der Erkenntnis, dass das multidimensionale Recommendation-Problem (Kapitel 3.1.1) auch wieder mit Hilfe einer geeigneten OLAP-Operation in die bekannte zweidimensionale User×Item-Matrix (Kapitel 2.2.3 bzw. z.B. Abbildung 45) zurück transformiert werden kann. Vorteil davon ist sicherlich die anschließende Anwendbarkeit traditioneller RCS-Techniken (Kapitel 2.2.4) zur Berechnung unbekannter Ratings. Gleichzeitig geht allerdings bei diesem im Englischen auch als *„reduction-based approach"* bezeichneten Ansatz die Möglichkeit verloren, summierende Aggregationen mit Hilfe der Roll-Up/Drill-Down-Operationen durchzuführen (vgl. Adomavicius et al. 2005, S. 120f.).

Die Grundidee dieser Methode ist, dass zur Ermittlung von Empfehlungen nur die Bewertungen herangezogen werden, die durch die aktuellen Ausprägungen des Kontexts bestimmt werden. Auf das multidimensionale Datenmodell (Abbildung 27) bezogen, entspricht diese Herangehensweise einer Slice-Operation, welche alle

Dimensionen bis auf User und Item fixiert (Abbildung 44). In einem weltweit agierenden SwSmP muss damit aus dem globalen Datenmodell ein lokales Modell für jeden Kunden erstellt werden. Auf dieser kunden- und kontextindividuell reduzierten Datenbasis arbeitet dann die integrierte Recommender-Komponente. In Kapitel 3.4.3 unter Punkt 5 wird dieser Reduktionsschritt noch detailliert veranschaulicht.

Adomavicius et al. (2005, S. 119) weisen in diesem Zusammenhang daraufhin, dass durch diese kontext-bezogene Selektion u. U. nicht mehr genügend bekannte Ratings in der Bewertungsmatrix übrig bleiben könnten, um die „Missing Values"rechnerisch prognostizieren zu können. Eine Lösung für diese Konstellation könnte sein, die Bedingung für die Kontextdimension auszuweiten (vgl. Schwellenwert-Thematik in Kapitel 4). Es dürfen dann also auch Bewertungen herangezogen werden, die nicht exakt mit dem aktuellen Kontext korrespondieren. Welchen Einfluss diese Bedingungs-Ausweitung auf die berechneten Empfehlungen hat, wird in Kapitel 4 noch eingehend dargelegt.

3.1.3 Gestaltungsrahmen („design space") für CaRS

Eine der großen Herausforderungen der kontext-abhängigen App-Empfehlungen in SwSmP stellt logischerweise die Integration der neuen Dimension Kontext in die Recommender-Komponente eines SwSmP dar (Kapitel 3.1.1). Wie in Kapitel 1.1 bereits erwähnt, legen Böhmer et al. (2609) dazu einen Gestaltungsrahmen („design space") fest (Abbildung 28). Dieser basiert auf vier Dimensionen, welche – je nach Werte-Ausprägung – eine Variante eines CaRS ergeben. Zu den vier Dimensionen gehören die drei bekannten Elemente der traditionellen Rating-Funktion (Formel 2.2.2) Users, Items und Ratings (= Nutzenbewertung). Hinzu kommt jetzt allerdings mit dem Kontext noch eine weitere Dimension, so dass sich daraus analog zu Formel 3.1 die erweiterte Rating-Funktion ergibt (vgl. Böhmer et al. 2609, S. 2):

$$R : User \times Item \times Context \rightarrow Rating \qquad (3.3)$$

Der Nutzen einer App für einen Benutzer wird damit entscheidend von der Kontext-Situation beeinflusst, unter der die Bewertung stattfindet. Die Werte für diese vier Parameter des „design space" können (gemäß Böhmer et al. 2609) jeweils in impliziter Form (z.B. über technische Sensoren) oder in expliziter Form (z.B. über direkte Preisgabe durch den Nutzer) erfasst und in den Hintergrunddaten eines RCS gespeichert werden.

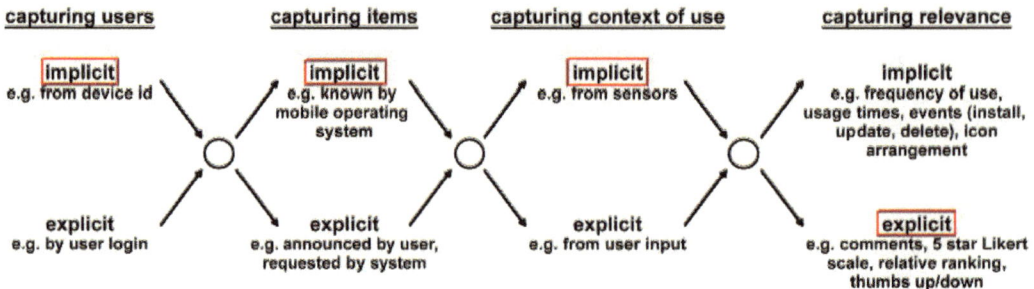

Abbildung 28: Gestaltungsrahmen („*design space*") für kontext-sensitive
Empfehlungssysteme (angelehnt an Böhmer et al. 2609, S. 4)

In diesen Gestaltungsrahmen (Abbildung 28) lässt sich der erarbeitete Prototyp
einer kontext-sensitiven Recommender-Komponente eines SwSmP (Kapitel 3.4) einordnen (siehe rote Markierung). Größtenteils werden hier die vier Parameter des
„*design space*" implizit mit Werten versorgt. So identifiziert sich der App-Nutzer
ohne eigenes Zutun anhand der ID des mobilen Endgeräts (Stichwort Personalisierung, Kapitel 1.3).

Werte für die vier Dimensionen aus Formel 3.3 werden in unserem Fall ebenfalls zu
meist implizit ermittelt – durch Zugriff auf bestehende Ratings anderer User in der
in den Hintergrunddaten abgelegten Bewertungsmatrix (Kapitel 2.2.2). Jedoch kann
der Nutzer eines SwSmP (auf freiwilliger Basis) auch explizit Ratings bereitstellen,
indem er die von ihm heruntergeladenen Anwendungen in einem Stern-System bewertet. Bei jeder Bewertung muss auch die zugehörige Kontext-Situation zwingend
über Sensoren (wie etwa das GPS-Modul des Handys) implizit festgehalten werden
(Kapitel 2.3.3).

3.2 ANWENDUNGSENTWICKLUNG UNTER ANDROID

Mit Android wurde eine von Experten gelobte und zukunftsfähige Plattform (Tabelle 3) zur Realisierung der Recommender-Komponente innerhalb eines SwSmP
gewählt. Die Statistiken und Schlagzeilen in Kapitel 3.2.1 bestärken diese Einschätzung. Während Kapitel 2.1.4.4 das Google-Betriebssystem bereits im Groben kurz
vorgestellt und mit anderen mobilen Plattformen verglichen hat, werden im Folgenden die Besonderheiten der Anwendungsentwicklung unter Android behandelt.
Dazu ist ein Blick auf die Systemarchitektur von Android unumgänglich (Kapitel
3.2.2), woraufhin die Kernbestandteile einer Android-App skizziert werden sollen
(Kapitel 3.2.3).

3.2.1 *Statistiken und Schlagzeilen rund um Android*

In Tabelle 3 sind aktuelle Statistiken und Schlagzeilen aus der Fachpresse zusam-
mengestellt und dokumentieren eindrucksvoll das Zukunftspotential der Android-
Plattform (Kapitel 2.1.4.4):

Marktforscher: Trend weg von normalen Handys - hin zu (Android-basierten) Smartphones (vgl. Kirsch 0108).	Google: 300.000 Android-Smartphones werden täglich aktiviert (vgl. Gehrmann 0912).	Prognose: Android überholt iPhone in zwei Jahren (vgl. Cloer 0608).
Canalys: 800 Prozent mehr verkaufte Android-Geräte als 2009 (vgl. Autor 0308).	Großes Angebot: fast 100.000 Apps im Android Market (vgl. Lau 1207).	Canalys: Androids Smartphone-Marktanteil wächst auf 17 Prozent in Q2/2010 (vgl. Kirsch 0208).
78 Prozent aller App-Downloads 2010 für iPhone und Android (vgl. Autor 0908)	Android ist das beliebteste Smartphone-Betriebssystem in den USA (vgl. Cloer 1208)	Analysten: Android 2015 mit 50% Marktanteil bei Smartphones (vgl. Autor 0909)
Umfrage: App-Entwickler setzen perspektivisch auf Android (vgl. Neumann 2909)	Android Market durchbricht 100.000-App-Marke (vgl. Autor 2610)	Smartphones: Android-Marktanteil wächst in einem Jahr von 3,5 auf 25,5% (vgl. Labs 1011)
IDC-Prognose: Android übernimmt 2011 Marktführerschaft von Symbian (vgl. Gehrmann 0112)		

Tabelle 3: Statistiken rund um Android

3.2.2 Android-Systemarchitektur

Das Android-Betriebssystem ist in fünf Teilbereiche unterteilt. In seiner Gesamtheit werden diese als „Android System Stack" bezeichnet (vgl. Mosemann 2009, S. 5). Eine mobile Applikation (auch der Prototyp aus Kapitel 3.4) bedient sich – je nach Bedarf – aus diesen Bausteinen. Nachfolgend zeigt Abbildung 29 auf unterster Schicht den Linux Kern von Android mit dem treiber-basierten Zugriff auf diverse Hardware-Komponenten – z.B. Speicherkarte, WLAN-Modul, Kamera, etc. – (vgl. im Folgenden Becker und Pant 2009; Mosemann 2009, S. 15-17 bzw. S. 5-9).

Zusätzlich bietet Googles Plattform mehrere in C/C++ geschriebene Standardbibliotheken an, welche über Java-Schnittstellen angesprochen werden. Die übergeordnete Anwendungsschicht und der Anwendungsrahmen greifen darauf zurück. Zu den Libraries gehören z.T. bekannte Open-Source-Produkte wie SQLite (Datenbank), Open GL/ES (3D-Grafikbibliotheken) oder WebKit (Webzugriff/Browser) aber auch eigens für Android entwickelte Bibliotheken wie das Media Framework (zur Multimedia-Verwaltung) oder der Surface Manager (zur Oberflächengestaltung).

Wenn nun eine mobile Applikation auf einem Android-basierten Endgerät läuft, wird zur Kommunikation zwischen der Anwendung und dem Betriebssystem eine Laufzeit-Umgebung benötigt. Sie wandelt den Java-Programmcode in eine für das mobile Gerät verständliche Maschinen-Sprache – das so genannte .dex Format – um (*.java → *.class → *.dex). Bestandteile dieser Schicht sind die Dalvik Virtual Machine (DVM) und die Core Libraries (= Bibliotheken/Pakete aus der Java Standard Edition).

Für Entwickler ist der Anwendungsrahmen (Application Framework) von zentraler Bedeutung. Hier stellt Android Programmierschnittstellen bereit, *„die eine Kommunikation zwischen einzelnen Anwendungen sowie zwischen Endanwender und Anwendung realisieren"* (vgl. Becker und Pant 2009, S. 16). Beispiele für diese Management-Komponenten sind u.a. der Package Manager (Verwaltung der heruntergeladenen und installierten Apps), der Window Manager (Schnittstelle für den Zugriff auf die Standardbibliothek des Oberflächen-Managers), der Content Provider (Datenaustausch zwischen den Anwendungen über gemeinsam genutzte Dateien) oder der Location Manager (Schnittstelle für den Zugriff auf die GPS-Hardware zum Abruf aktueller Standort-Informationen).

Auf oberster Ebene befinden sich die Android-Anwendungen, welche schlussendlich mit dem Anwender kommunizieren. Dabei kann es sich um vorinstallierte Programme (z.B. zur Verwaltung von Kontakten, Erstellung von Fotos oder Versenden von SMS) oder Eigenentwicklungen (wie in Kapitel 3.4) handeln.

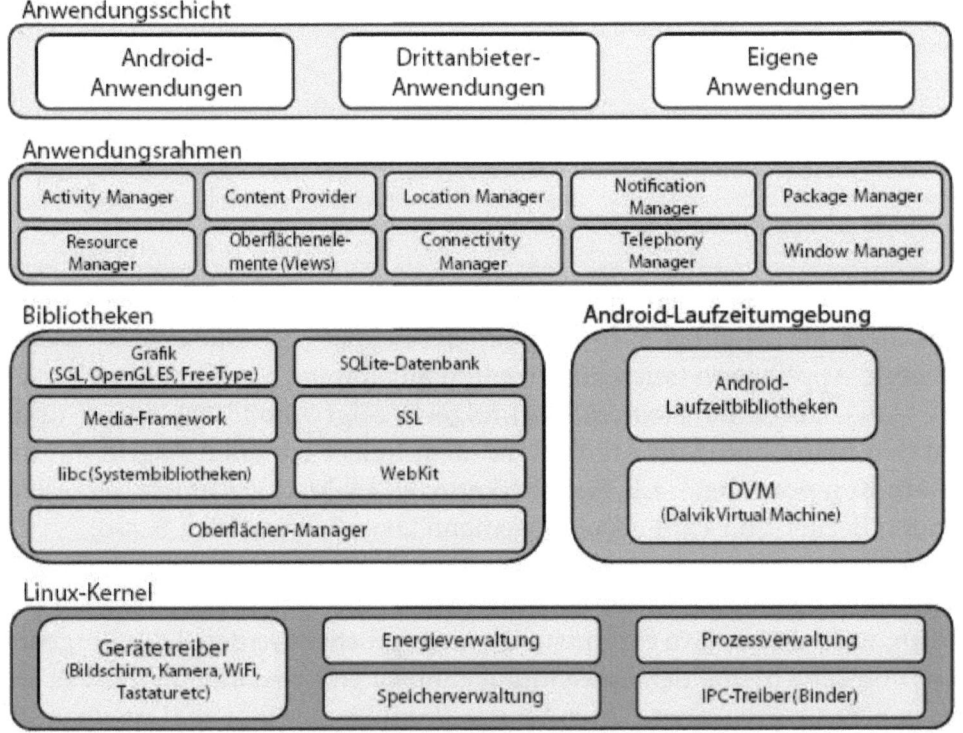

Abbildung 29: Android Systemarchitekur (entnommen von Becker und Pant 2009, S. 15)

3.2.3 Struktur und Komponenten einer Applikation

Auch Android folgt dem bekannten Model View Controller (MVC) Architekturmuster zur Strukturierung von Software-Anwendungen (vgl. Rogers 2009, S. 157-161). Es unterteilt die Programme in die größtenteils voneinander unabhängigen Schichten Datenmodell (= Model), Präsentation (= View) und Steuerung (= Controller). In dem im Rahmen dieser Masterarbeit entwickelten Prototypen (Kapitel 3.4) lässt sich diese Trennung von Datenhaltung, Benutzeroberfläche und Programmlogik später auch leicht wieder erkennen.

So sind die grundlegenden Daten – wie z.B. die Benutzerprofile oder die Ratings – in einer lokalen Datenbank in Tabellenform auf dem Smartphone abgelegt (Kapitel 3.4.1). Für jeden einzelnen Bildschirmdialog (= Activity) der Anwendung speichert Android grafische Gestaltungsvorgaben in einzelnen XML-Dateien (Kapitel 3.4.2). Die Steuerung des Programmablaufs (z.B. Aufbau und Bestückung eines GUI-Dialogs mit bestimmten Hintergrunddaten aufgrund einer Nutzeraktion) übernehmen hier die Java-Klassen (Kapitel 3.4.3).

Zur Applikations-Entwicklung stellt das Android Application Framework (siehe vorletzte Schicht in Abbildung 29) u.a. folgende Komponenten (vgl. auch Abbildung 32) in Form von Java-Klassen bereit (vgl. im Folgenden Mosemann 2009, S. 73, 74):

- Activities (enthalten Programmlogik und die Möglichkeit eigene GUIs anzupassen)

- Services (laufen im Hintergrund ohne eigene Benutzungsschnittstellen)

- Intents (ermöglichen Kommunikation zwischen Activities bzw. Services)

- Broadcast Receiver (reagieren auf Ereignisse/Nachrichten/Intents anderer Activities bzw. Services)

- Content Provider (verwalten Daten einer Applikation und ermöglichen den Austausch mit anderen Programmen)

- Notifications (informieren den Benutzer über Ereignisse – ohne die aktuelle Aktivität zu unterbrechen)

Alle Bestandteile einer Applikation müssen für das Application Framework in der zentralen Datei AndroidManifest.xml registriert werden. Am häufigsten werden Objekte der Klasse Activity verwendet (siehe Befehl „*extends Activity*"). Im Prototypen (Kapitel 3.4) kommunizieren diese dann via Intents miteinander (Details siehe Kapitel 3.4.2 bzw. Befehl „*Intent myIntent*").

3.3 TECHNISCHE RAHMENBEDINGUNGEN

Für die Entwicklung einer Android-Applikation sind – wie schon in Kapitel 2.1.4.4 erwähnt – Kenntnisse in der Programmiersprache Java Voraussetzung. Nach der Installation des Android SDKs – welches die Nutzung der kompletten Android Systemarchitektur (Kapitel 3.2.2) auf dem heimischen PC ermöglicht – bietet sich auch die Verwendung einer Java-Entwicklungsumgebung an. Hierzu kann für die bekannte Eclipse IDE das „*ADT Plugin for Eclipse*" herunter geladen werden[33]. Die folgende Abbildung 30 zeigt beide Hilfsmittel im praktischen Einsatz bei der Anwendungsprogrammierung und -simulation.

---

33 siehe http://developer.android.com/sdk/eclipse-adt.html (Stand: 07.12.2010)

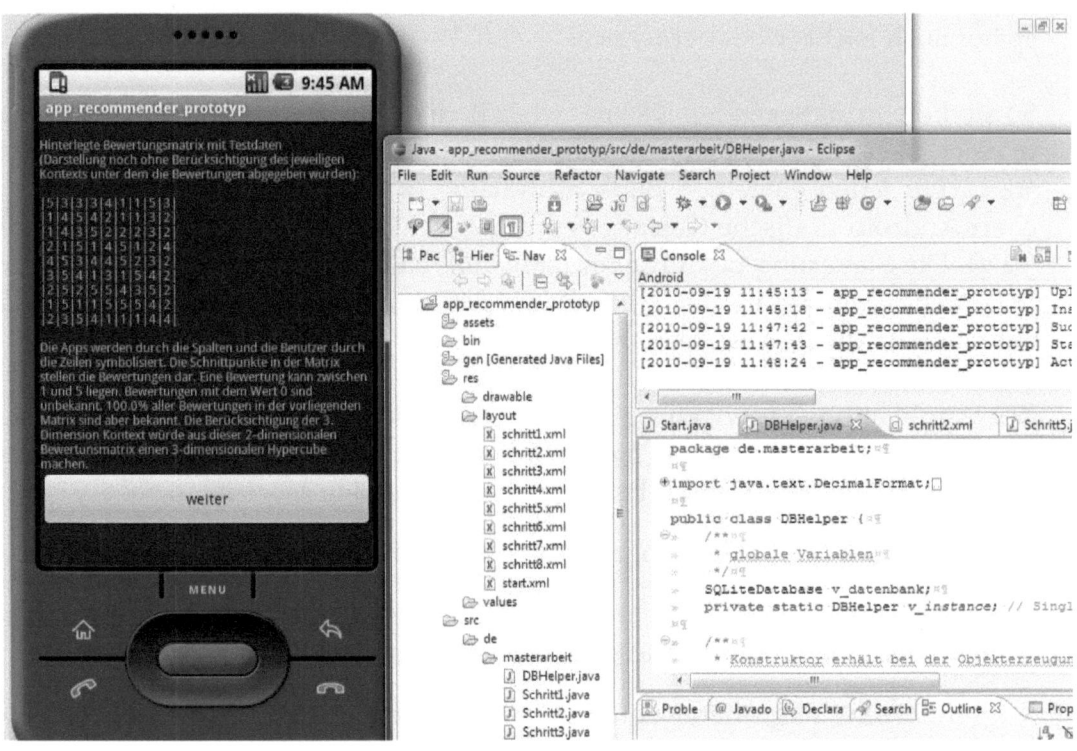

Abbildung 30: Android-Anwendungsprogrammierung und -simulation in der Entwicklungsumgebung Eclipse (inkl. ADT Plugin)

Mit der erweiterten Eclipse Entwicklungsumgebung sind alle technischen Voraussetzungen für die Entwicklung und die ersten Probeläufe eines Programms für die Android Plattform gegeben. Die Programmierung des App-Prototypen (Kapitel 3.4) und anschließende Testläufe erfolgten dann größtenteils von einem statischen PC mit den erwähnten Entwicklungs-Tools (Abbildung 30). Lediglich für zwischenzeitliche und finale Tests auf einem echten mobilen Endgerät wurde die Applikation auf mehrere Smartphones (Kapitel 2.1.3) aufgespielt. Als Android-Testgeräte standen hier ein „HTC Hero" und ein „Sony Ericsson XPERIA X10 mini pro" zur Verfügung (Tabelle 4).

HTC Hero	Sony Ericsson XPERIA X10 mini pro
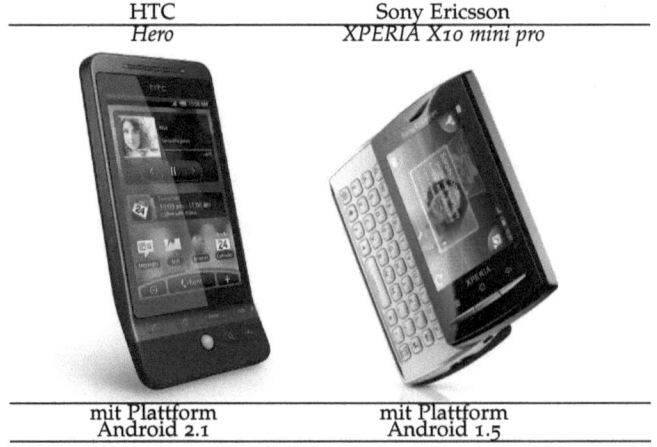	
mit Plattform Android 2.1	mit Plattform Android 1.5

Tabelle 4: verwendete Testgeräte[34]

---

34 Bildquellen: http://www.priceindia.net/wp-content/uploads/2009/12/htc-hero1.jpg bzw. http://www.cnet.de/i/story_media/41534442/sony-ericsson-xperia-x10-mini-pro.jpg

Die nun folgende Visualisierung bzw. Beschreibung des entwickelten App-Prototypen basiert auf unterschiedlichen Blickwinkeln auf ein Software-Produkt und
orientiert sich dabei stark an den Betrachtungsebenen der UML[35] (= Struktur- und
Verhaltensdiagramme). So dokumentieren die folgenden Unterkapitel 3.4.1 und 3.4.2
die Struktur der App (= Daten und Komponenten), während 3.4.3 das Verhalten bzw.
den Ablauf der mobilen Anwendung (und die dort durchgeführten Rechenschritte)
erläutert.

3.4.1 Datenmodell

Der App liegt folgendes konkretes Datenmodell einer SQLite Datenbank zugrunde
(vgl. Schicht Bibliotheken in Abbildung 29). Diese RCS-Hintergrunddaten (Kapitel
2.2.3) werden visualisiert durch ein ER-Diagramm in der IDEF1X-Notation (Abbildung 31). Wie man hier sieht, erhöht sich durch die Integration der zusätzlichen
Kontext-Dimension (Kapitel 3.1.1) das Datenvolumen (= zusätzliche Tabelle *kontext-
situationen* bzw. die um einige Spalten erweiterte Tabelle *bewertungsmatrix*). Auf die
angedachte Datenstruktur (Tabellen) wird im Programmablauf (Kapitel 3.4.3) näher
eingegangen.

---

35 *„Die* UML *ist eine objektorientierte, graphische Beschreibungssprache zur Visualisierung, Spezifikation, Kon-
struktion und Dokumentation der Artefakte von primär aus Software bestehenden Systemen [...]. Das heißt,
die* UML *kann in verschiedenen Betrachtungsebenen der Modellierung und Phasen der Softwareentwick-
lung eingesetzt werden. Die* UML *hat sich als Standardmodellierungssprache der* OMG *[...] in der Praxis
durchgesetzt"* (siehe Fink et al. 2005, S. 130).

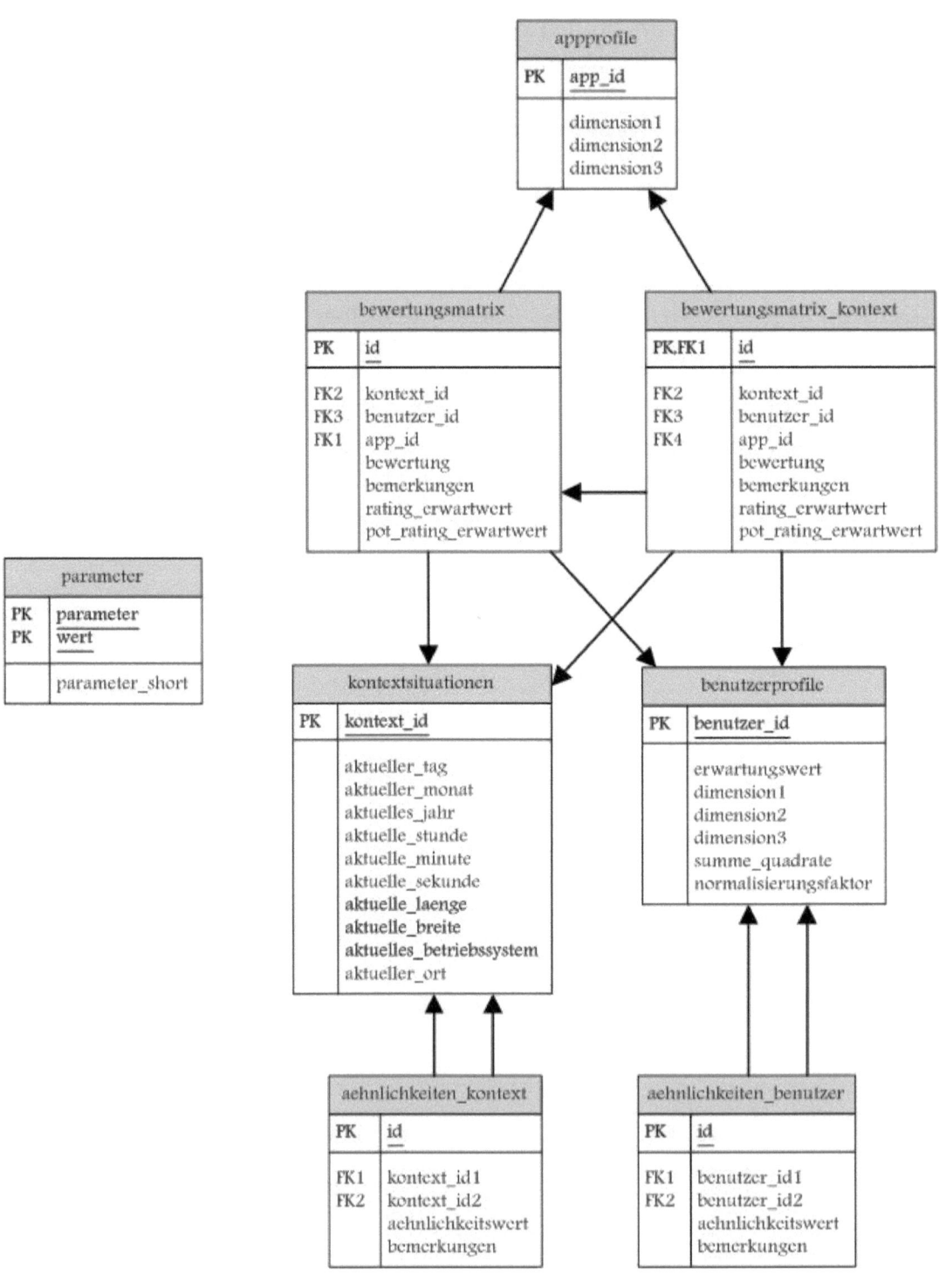

Abbildung 31: Modell der grundlegenden Datenbankstruktur

3.4.2 Programmstruktur/ -komponenten

Nach dem Blick auf die grundlegende Datenbankstruktur der Applikation (Kapitel 3.4.1) – jedoch noch vor der Beschreibung des Programmablaufs (Kapitel 3.4.3) – sollen hier kurz in Form eines UML-Komponenten-Diagramms (Abbildung 32) die wichtigsten Programmkomponenten der Android-App dargestellt werden.

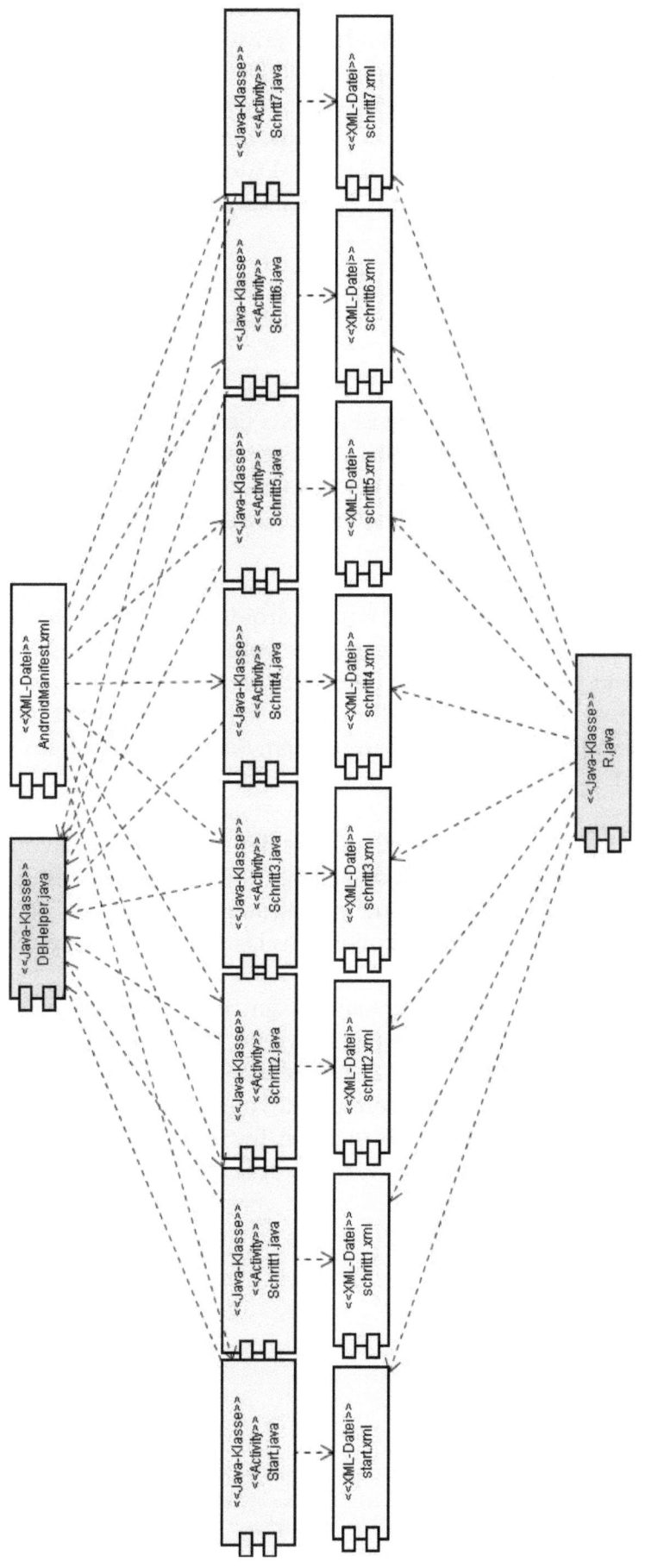

Abbildung 32: Modell der wichtigsten Komponenten

„Jede Applikation in Android hat eine Manifestdatei . [...] Der Name der Manifestdatei ist AndroidManifest.xml. Diese Datei definiert die Komponenten, Metadaten (z.B. Icons) und die Zugriffsrechte der Applikation" (siehe Mosemann 2009, S. 75).

Zu den weiteren zentralen Komponenten der Anwendung gehört die Java-Klasse R.java. Sie verwaltet die in der Applikation verwendeten externen Ressourcen (z.B. Bilder, Layout-Dateien, etc.). *„Extern bezieht sich darauf, dass sich diese Ressourcen nicht direkt im Code befinden, jedoch zur Applikation hinzugebunden werden und aus dem Code heraus über Ressourcennummern (Ids) angesprochen werden können"* (siehe Mosemann 2009, S. 79).

Android trennt das Layout der GUI stark von der Programmlogik (Kapitel 3.2.3). Im UML-Komponenten-Diagramm (Abbildung 32) wird diese Trennung pro Activity[36] durch die Verwendung jeweils einer XML-Datei für das Layout [start.xml, schritt1.xml, ..., schritt7.xml] und jeweils einer Java-Klasse für die Funktionen [Start.java, Schritt1.java, ..., Schritt7.java] deutlich. Einzig zur Java-Klasse DBHelper.java existiert keine korrespondierende XML-Datei, da diese Hilfsklasse (vgl. Komponente Service in Kapitel 3.2.3) nur Berechnungen und Datenbank-Zugriffe durchführt.

3.4.3 *Programmablauf*

Wie im Grundlagen-Kapitel 2 bereits deutlich wurde, kann eine Kombination mehrerer RCS-Ansätze sinnvoll sein und gute Ergebnisse liefern (vgl. hybrider Ansatz in Kapitel 2.2.4.6). Die im Rahmen dieser Master-Arbeit erstellte App bedient sich aus Elementen, der im Kapitel 2.2.4 skizzierten RCS-Grundtypen (z.B. inhaltsbasierter RCS-Ansatz und speicherbasiertes bzw. modellbasiertes Kollaboratives Filtern, Kapitel 2.2.4.1 bzw. 2.2.4.2).

Abbildung 33 verdeutlicht den Ablauf der Android-Applikation in Form eines verkürzten UML-Sequenz-Diagramms, welches im Folgenden schrittweise detailliert erläutert wird (Punkt 1 bis 9). Jeder der neun Schritte beleuchtet immer nur einen Teilbereich aus dieser Übersichtsdarstellung, d.h. jeder Einzelschritt wird immer auch noch mit einem Detail-Ausschnitt aus diesem Sequenz-Diagramm verfeinert (z.B. Abbildung 34).

Orange markierte Begriffe weisen dabei auf eine der in Kapitel 3.4.2 vorgestellten Programm-Komponenten (Java-Klassen bzw. deren Methoden) hin. Ihr Zusammenwirken wird in den jeweiligen UML-Sequenz-Diagrammen deutlich. *Lila* markierte Begriffe symbolisieren hier Objekte (Tabellen) des Datenmodells (Kapitel 3.4.1).

Vorweg gesagt werden sollte noch, dass einige der nun folgenden neun Schritte für den späteren Endnutzer eines SwSmP verwirrend sein mögen. In einer echten produktiven App-Version sollten diese Schritte ohne Nutzer-Interaktion im Hintergrund ablaufen (z.B. Schritt 3). Zur besseren Nachvollziehbarkeit der verwendeten Algorithmen und zur späteren Durchführung von Testreihen (Kapitel 4) werden sie im vorliegenden Prototypen jedoch transparent im Vordergrund präsentiert.

---

36 *„Anwendungen, die mit dem Anwender interagieren, brauchen mindestens eine Activity, um eine Oberfläche darzustellen. Activities sind sichtbar und können miteinander zu einer komplexeren Anwendung verknüpft werden. Sie kümmern sich um die Darstellung von Daten und nehmen Anwendereingaben entgegen"* (siehe Becker und Pant 2009, S. 20).

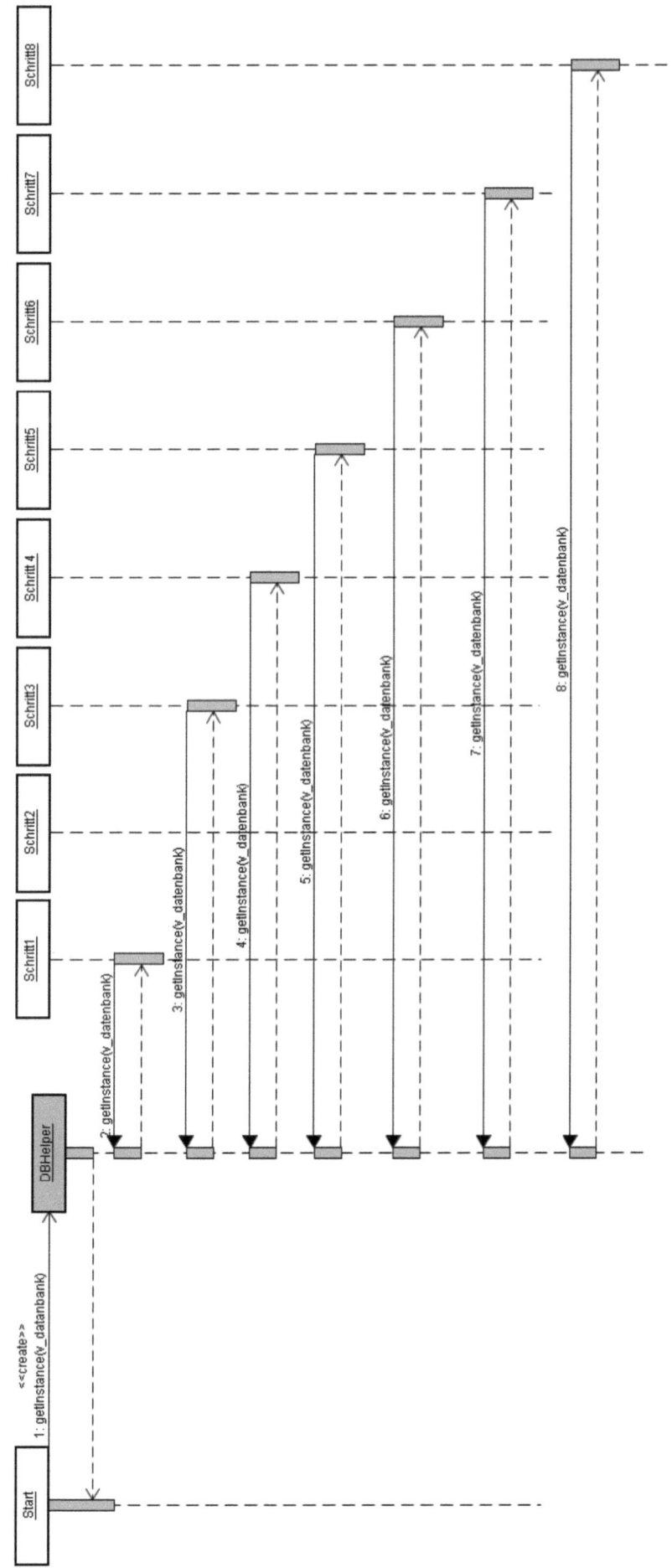

Abbildung 33: verkürzte Gesamt-Darstellung des Programmablaufs in einem UML-Sequenzdiagramm

1. VORBEREITUNGEN

[Start.java → DBHelper.java]:

Alle Berechnungen bzw. Datenbank-Operationen werden in der Hilfsklasse (vgl. Komponente Service, Kapitel 3.2.3) DBHelper.java durchgeführt. Um zu verhindern, dass von dieser Klasse mehr als ein Objekt erzeugt werden kann, wird hier auf das Entwurfsmuster (Pattern) „Singleton" (vgl. Heinisch et al. 2007, S. 335) zurückgegriffen [getInstance(v_datenbank);]. Damit ist sichergestellt, dass nur ein Objekt der Hilfsklasse DBHelper.java existiert und alle Klassen (Activities) darauf zugreifen.

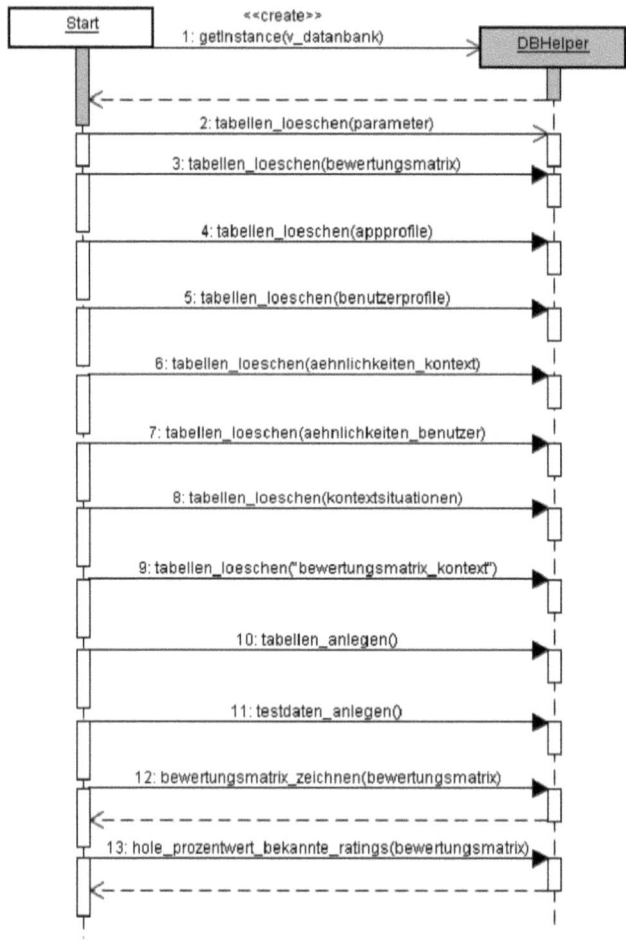

Abbildung 34: Teilausschnitt aus Gesamt-Ablauf (Abbildung 33) zwischen Start.java und DBHelper.java

Mit Abbildung 34 wird nun der Ausschnitt des Gesamt-Ablaufs (Abbildung 33) zwischen den Klassen Start.java und DBHelper.java näher beleuchtet.

Nach Erzeugung der grundlegenden Test-Tabellen und -Daten [tabellen-loeschen(...); tabellen_anlegen(...); testdaten_anlegen(...);] beginnt die App mit der Erzeugung bzw. dem Auslesen der grundlegenden zwei-dimensionalen Bewertungsmatrix (Dimensionen: Benutzer und Apps) aus der Tabelle *bewertungsmatrix* [bewertungsmatrix_zeichnen(bewertungsmatrix); hole_prozentwert-bekannte_ratings(bewertungsmatrix);].

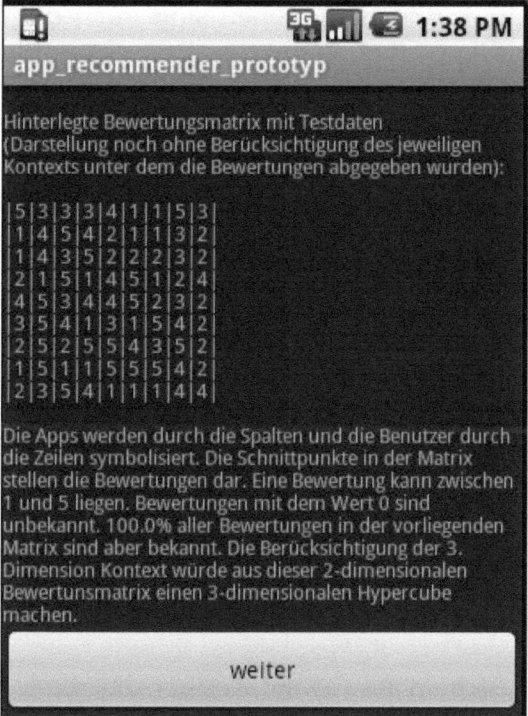

Abbildung 35: Ausgabe der ursprünglichen Bewertungsmatrix (mit Testdaten) auf dem Smartphone-Display

In der hier gezeigten zwei-dimensionalen Ausgabe auf dem Display (Abbildung 35) sieht es so aus, als ob der Kontext (Standort und Betriebssystem) noch nicht berücksichtigt wurde. Im Hintergrund wurde aber zu jeder Bewertung eine zufällige Kontextsituation (Tabelle 5) kreiert, unter der die Einschätzung getätigt wurde [testdaten_anlegen();]. Diese Kontextsituationen wurden in Tabelle *kontextsituationen* hinterlegt. Die Hinzunahme der dritten Dimension „Kontext" (Kapitel 2.3) würde aus der zwei-dimensionalen Bewertungsmatrix eigentlich eine Art drei-dimensionalen Hypercube bzw. User-Item-Context Matrix machen (vgl. Abbildung 27 bzw. 36). Auf die grafische Darstellung dieses komplexen Hypercubes wurde in der App aber verzichtet. Er wäre aber vergleichbar mit dem aus den 1980er- Jahren bekannten Geduldsspiel „Zauberwürfel"(Abbildung 36)[37].

Abbildung 36: Zauberwürfel [38]

---

37 In der Praxis sind die Werte in einem solchen dreidimensionalen Raum zu meist nicht so quadratisch/geordnet verteilt, als daß ein solider Hypercube entsteht. Demzufolge dient die Analogie zum Zauberwürfel nur zur vereinfachenden plastischen Darstellung.

Ebenso wie die Kontextsituationen sind auch die Detailinformationen zu Benutzern und Apps (vgl. Benutzer-/Produktprofile im inhaltsbasierter Ansatz, Kapitel 2.2.4.1) in den von Tabelle *bewertungsmatrix* abhängigen Tabellen *benutzerprofile* bzw. *appprofile* abgespeichert (vgl. Starschema im DWH-Umfeld). Die „freischwebende" Tabelle *parameter* dient als Hilfstabelle. Sie enthält z.B. Informationen wie Anzahl der Benutzer oder Anzahl Apps etc.

2. KONTEXT-BESTIMMUNG FÜR AKTUELLEN USER
[Schritt1.java → DBHelper.java]:

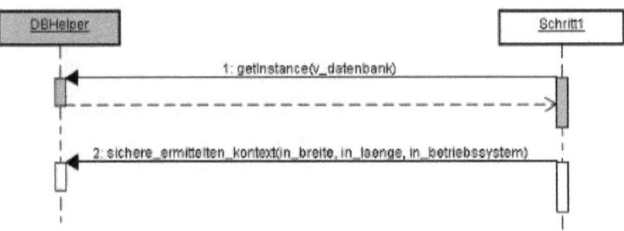

Abbildung 37: Teilausschnitt aus Gesamt-Ablauf (Abbildung 33) zwischen Schritt1.java
und DBHelper.java

Im nächsten Schritt werden einige der in Kapitel 2.3.2 beschriebenen Kontextarten (z.B. Ort und technische Infrastruktur) des aktuellen Nutzers erfasst (Kapitel 2.3.3). So ermittelt die Anwendung – wie Abbildung 38 zeigt – die GPS-Informationen (geografische Breite und Länge) des Nutzer-Standorts sowie das verwendete Android-Betriebssystem und speichert sie in Tabelle *kontextsituationen* [sichere_ermittelten_kontext(in_breite, in_laenge, in_betriebssystem);]. Sie greift hierbei u.a. auf die Location Manager Bibliothek des Android System Stacks zurück (Abbildung 29).

Abbildung 38: Ausgabe der Kontextinformationen des aktuellen Nutzers
(GPS-Informationen, Android-Betriebssystem) auf dem Smartphone-Display

---

38 Bildquellen: http://ecx.images-amazon.com/images/I/41TQeWUNxjL._SL500_AA300_.jpg bzw. http://upload.wikimedia.org/wikipedia/de/thumb/6/6e/Rubikscube-offen.jpg/120px-Rubikscube-offen.jpg

3. ANGABE EINES SCHWELLENWERTES FÜR DIE KONTEXTÄHNLICHKEIT
[Schritt2.java → DBHelper.java]:

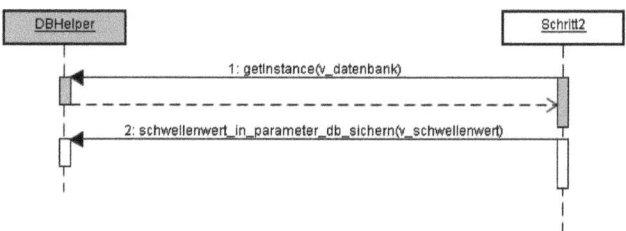

Abbildung 39: Teilausschnitt aus Gesamtablauf (Abbildung 33) zwischen Schritt2.java und DBHelper.java

Im Anschluss kann der Nutzer einen Schwellenwert für die Kontextähnlichkeit eingeben (Abbildung 40) – damit ist ein Prozentwert gemeint, bis zu dem er zwei Kontextsituationen als „gleich" ansieht (Testreihen in Kapitel 4). Diese Information wird in der Hilfstabelle *parameter* festgehalten [schwellenwert_in_parameter_db_sichern(v_schwellenwert);].

Abbildung 40: Eingabemaske für Schwellenwert für Kontextähnlichkeit

4. BERECHNUNG VON KONTEXT-ÄHNLICHKEITEN
[Start3.java → DBHelper.java]:
Im Hintergrund erfolgen nun Ähnlichkeitsberechnungen nach dem Vektorraummodell (Abbildung 41). D.h. der vorher ermittelte aktuelle Kontext und die zu jeder Bewertung hinterlegten Kontextsituationen werden als dreidimensionale Vektoren (Dimensionen: Breite, Länge und Betriebssystem) aufgefasst und miteinander verglichen (vgl. auch Abbildung 25 aus Kapitel 2.3.2).

Hier ist zu bemerken, dass alle drei Dimensionen unterschiedliche Wertebereiche aufweisen. So liegt der Wertebereich

- der geografischen Breite zwischen - 90 (Süd) und + 90 (Nord) Grad bzw.
- der geografischen Länge zwischen -180 (West) und + 180 (Ost) Grad (vgl. Bennett 2010, S. 46).

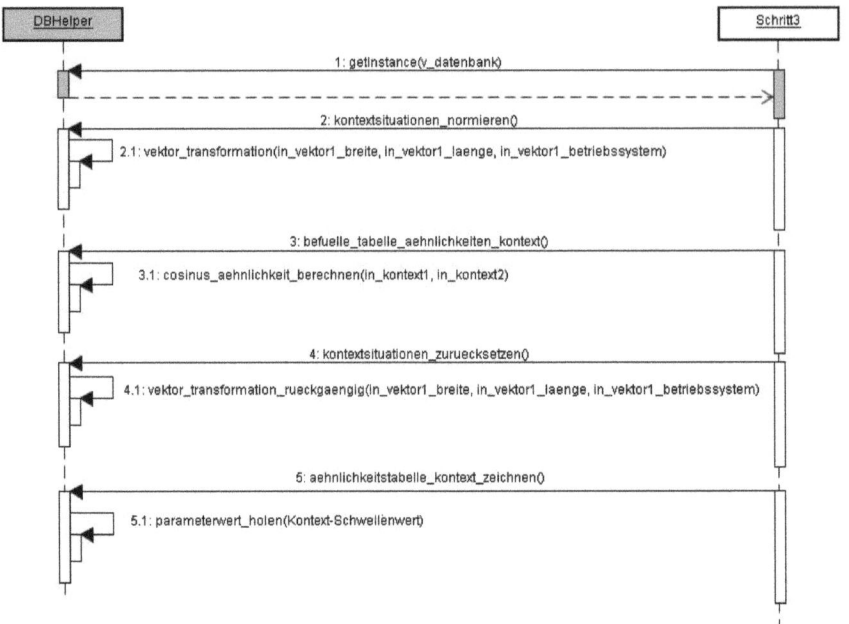

Abbildung 41: Teilausschnitt aus Gesamt-Ablauf (Abbildung 33) zwischen Schritt3.java und DBHelper.java

Hinzu kommt, dass für die Dimension (Android-)Betriebssystem nur folgende drei Werte als zulässig angesehen wurden (vgl. Firtman 2010, S. 26):

- Android 1.5 „*Cupcake*"
- Android 1.6 „*Donut*" und
- Android 2.1 „*Eclair*"

Als Ähnlichkeitsmaß wurde hierfür der Kosinus-Koeffizient (vgl. inhaltsbasierter RCS-Ansatz, Kapitel 2.2.4.1) gewählt. Dieser liefert jedoch nur dann, sinnvolle Ergebnisse, wenn alle Vektor-Dimensionen positive Werte enthalten und den gleichen Wertebereich haben. D.h. alle Kontext-Vektoren müssen vor der Ähnlichkeitsberechnung einem Normalisierungsprozess unterzogen werden [kontextsituationen_normieren();]. Im ersten Schritt beinhaltet dies eine Addition des Vektors $\begin{pmatrix} 90 \\ 180 \\ -1.5 \end{pmatrix}$ zum jeweiligen Kontextvektor [vektor_transformation(...);]. Damit werden alle drei Wertebereiche auf die 0 bzw. ins Positive verschoben. Die Wertebereiche sehen nach der Transformation folgendermaßen aus:

- geografische Breite: von 0 bis 180
- geografische Länge: von 0 bis 360
- Betriebssystem: 0, 0.1, 0.6

Der zweite Normalisierungsschritt ist vergleichbar mit der Gleichnamig-Machung von Nennern bei der Bruchrechnung. Hier wird jeder Kontext-Vektor mit folgender Matrix multipliziert [vektor_transformation(...);]:

$$\begin{pmatrix} 2 & 0 & 0 \\ 0 & 1 & 0 \\ 0 & 0 & 600 \end{pmatrix}$$

Mit dieser Vektor-Matrix-Multiplikation werden alle drei Dimensionen auf den Wertebereich 0 bis 360 gebracht. Beide Normalisierungsschritte verändern zwar die Werte in den Kontext-Vektoren, ändern jedoch nichts an den zugrundeliegenden Verhältnissen. Folgendes Beispiel zeigt die Veränderungen an den Kontext-Vektoren durch die eben beschriebene Transformation:

Ausgangs-Vektor	nach 1. Normalisierungsschritt (Vektor-Addition)	nach 2. Normalisierungsschritt (Vektor-Matrix-Multiplikation)
$\begin{pmatrix} 51.31 \\ -0.05 \\ 1.5 \end{pmatrix}$	$\begin{pmatrix} 141.31 \\ 179.95 \\ 0 \end{pmatrix}$	$\begin{pmatrix} 282.62 \\ 179.95 \\ 0 \end{pmatrix}$

Auf Basis dieser Normalisierung wird dann die in Kapitel 2.2.4.1 erläuterte Formel 2.7 für die Berechnung des Kosinus-Koeffizienten zwischen zwei Vektoren angewandt [befuelle_tabelle_aehnlichkeiten_kontext(); cosinus_aehnlichkeit-berechnen(...);].

Hier ein Beispiel für diese Berechnung:

- Gegeben:
  - aktueller Kontext a = $\begin{pmatrix} 48,157956 \\ 11,58697 \\ 1,5 \end{pmatrix}$ → Normalisierung: $\begin{pmatrix} 276,315912 \\ 191,58697 \\ 0,0 \end{pmatrix}$
  - Kontextsituation (136) b = $\begin{pmatrix} 51,31 \\ -0,05 \\ 1,5 \end{pmatrix}$ → Normalisierung: $\begin{pmatrix} 282,62 \\ 179,95 \\ 0,0 \end{pmatrix}$
- Rechenschritte:

$$\frac{(276,315912 \cdot 282,62) + (191,58697 \cdot 179,95) + (0,0 \cdot 0,0)}{\sqrt{276,315912^2 + 191,58697^2 + 0,0^2} \cdot \sqrt{282,62^2 + 179,95^2 + 0,0^2}}$$

$$\approx \frac{112568,4783}{(336,2380857 \cdot 335,0463653)}$$

$$\approx 0,999228885 \text{ (gerundet)}$$

Je näher der errechnete Kosinus-Ähnlichkeitswert an 1 ist, desto ähnlicher sind die beiden Vektoren a und b (Abbildung 18). Die berechneten Ähnlichkeitswerte werden anschließend auf dem Display angezeigt (Abbildung 42) und in der Tabelle *aehnlichkeiten_kontext* gesichert (vgl. modell- bzw. item-based Collaborative Filtering, Kapitel 2.2.4.2) [aehnlichkeitstabelle_kontext_zeichnen();]. Außerdem werden die Normalisierungsschritte nach der Ähnlichkeitsberechnung wieder rückgängig gemacht [kontextsituationen_zuruecksetzen(); vektor_transformation_rueckgaengig(...);].

Abbildung 42: Ausgabe der Ähnlichkeitstabelle (zum aktuellen Kontext) auf dem
Smartphone-Display

5. SLICE-OPERATION ENTLANG DER KONTEXT-DIMENSION DES HYPERCUBES
(Schritt4.java → DBHelper.java):

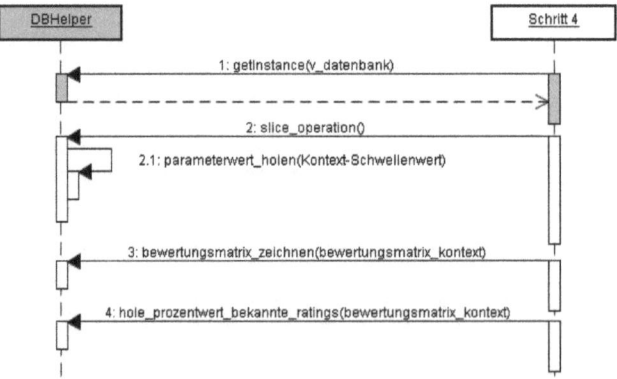

Abbildung 43: Teilausschnitt aus Gesamt-Ablauf (Abbildung 33) zwischen
Schritt4.java und DBHelper.java

Aufgrund des vorher unter Punkt 3 bestimmten Schwellenwerts [parameter-
wert_holen(„*Kontext-Schwellenwert*");] und den Ähnlichkeitsberechnungen
(Punkt 4) erfolgt nun die angekündigte Slice-Operation (Abbildung 43) –
gemäß multi-dimensional-reduzierendem Ansatz (Kapitel 3.1.2). D.h. der
drei-dimensionale Hypercube (aus Abbildung 36) wird wieder in eine zwei-
dimensionale Bewertungsmatrix (Dimensionen Apps und Benutzer) – wie aus
den Grundlagen-Kapiteln 2.2.2 bzw. 2.2.3 bekannt – zurückgeführt.

In der neuen Bewertungsmatrix (abgespeichert in Tabelle *bewertungsmatrix_-kontext*) sind dann nur noch die Bewertungen enthalten, die – verglichen mit dem Kontext des aktuellen Users – in einer ähnlichen/gleichen Kontextsituation abgegeben wurden (Grundlage dafür sind die Ähnlichkeitsberechnungen aus dem vorherigen Schritt 4). Grafisch lässt sich diese Slice-Operation als ein Heraustrennen der vordersten Ebene im „*Zauberwürfel*" symbolisieren (Abbildung 44).

Abbildung 44: Slice-Operation auf Hypercube [39]

Rein rechnerisch handelt es sich hierbei, um eine Reduzierung der Ausgangs-Bewertungsmatrix (Abbildung 35) [slice_operation();]. Bewertungen von Usern zu bestimmten Apps, die unter einem deutlich anderen Kontext gemacht wurden, fallen raus bzw. werden als unbekannt angesehen (= Wert 0 in Abbildung 45). Datenbank-technisch wird dies durch eine Join-Verknüpfung der Tabellen *bewertungsmatrix* und *aehnlichkeiten_kontext* realisiert. Anschließend werden daraus alle Ratings, deren Ähnlichkeitswerte größer oder gleich dem Schwellenwert sind (Bewertungs-Kontext vs. aktueller Kontext), in die Tabelle *bewertungsmatrix_kontext* gefiltert. Die neue Bewertungsmatrix (Abbildung 45) wird dann wieder auf dem Handy-Display angezeigt [bewertungsmatrix_zeichnen(...); hole_prozentwert_bekannte_ratings(„*bewertungsmatrix_kontext*");].

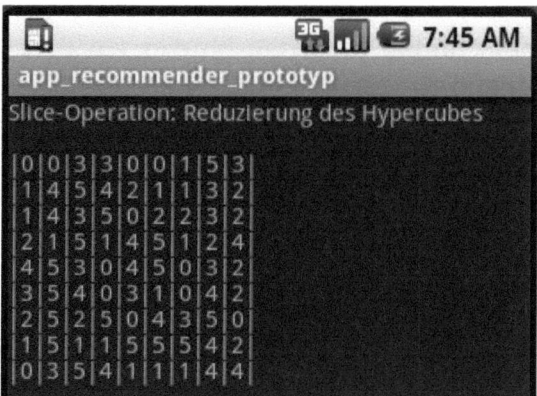

Abbildung 45: Ausgabe der neuen kontext-reduzierten Bewertungsmatrix auf dem Smartphone-Display bei einem angegebenen Schwellenwert von 0.90 (vgl. Abbildung 40)

---

[39] Bildquelle: http://www.amansis.de/pic/zauberwuerfel/Rubik_cube.jpg

6. ANWENDUNG EINES TRADITIONELLEN RCS-ANSATZES AUF DER KONTEXT-REDUZIERTEN BEWERTUNGSMATRIX

[Schritt5.java → DBHelper.java]:

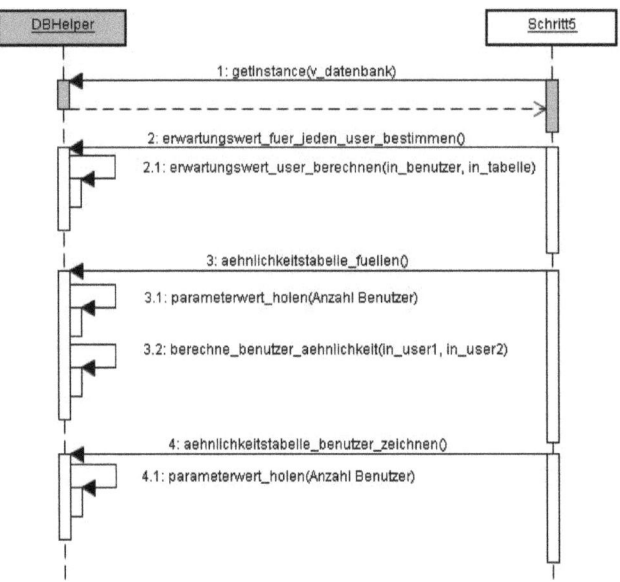

Abbildung 46: Teilausschnitt aus Gesamtablauf (Abbildung 33) zwischen Schritt5.java und DBHelper.java

Auf Basis der in Punkt 5 kontext-reduzierten Item-User-Matrix (*bewertungsmatrix_kontext*) kann nun einer der bekannten Recommender-Algorithmen (Kapitel 2.2.4) zur Bewertungsprognose angewendet werden. Für diesen Prototypen wurde dazu der empfehlungsbasierte Ansatz (Kapitel 2.2.4.2) in Kombination mit dem empirischen Korrelationskoeffizienten nach Pearson als Ähnlichkeitsmaß (Formel 2.8) gewählt.

Zunächst wird hierfür im Rahmen der u.a. durch Abbildung 20 erläuterten Proximitätsberechnung für jeden Nutzer ein Erwartungswert (Formel 2.10) auf Basis der „*neuen*" Ratings in der Tabelle *bewertungsmatrix_kontext* ermittelt [erwartungswert_fuer_jeden_user_bestimmen(); erwartungswert_user-berechnen(...);]. Anschließend wird nun im Hintergrund – analog zum item-based Collaborative Filtering eine Ähnlichkeitstabelle (*aehnlichkeiten_benutzer*) aufgebaut [aehnlichkeitstabelle_fuellen(); berechne_benutzer_aehnlichkeit(...)].

Aufgrund ihrer unter annähernd gleichen Kontext-Bedingungen abgegebenen Ratings werden nach dem empirischen Korrelationskoeffizienten nach Pearson die Ähnlichkeit zwischen jeweils zwei Benutzern bestimmt. Die Formeln 2.8 und 2.10 finden hierzu Anwendung [berechne_benutzer_aehnlichkeit(...)].

Dazu als Beispiel die Berechnung der Ähnlichkeit zwischen User 1 und User 2 (Schritt 2 aus Abbildung 20) bei einem Schwellenwert von 0.90 (vgl. Abbildung 40 $\rightarrow$ Abbildung 45):

- Gegeben:

  - alle bekannten Bewertungen des Users 1 (basierend auf Abbildung 45 bzw. Testreihe 1 aus Tabelle 5):

    $r_{13} = 3, r_{14} = 3, r_{17} = 1, r_{18} = 5, r_{19} = 3$

  - alle bekannten Bewertungen des User 2 (basierend auf Abbildung 45 bzw. Testreihe 1 aus Tabelle 5):

    $r_{21} = 1, r_{22} = 4, r_{23} = 5, r_{24} = 4, , r_{25} = 2, r_{26} = 1, r_{27} = 1, r_{28} = 3, r_{29} = 2$

- Rechenschritte:

  - Erwartungswert für User 1 nach Formel 2.10: $\frac{(0+0+3+3+0+0+1+5+3)}{5} = \frac{15}{5} = 3,00$

  - Erwartungswert für User 2 nach Formel 2.10: $\frac{(1+4+5+4+2+1+1+3+2)}{9} = \frac{23}{9} \approx 2,56$

  - Ähnlichkeitsmaß nach Formel 2.8: $\frac{\begin{array}{c}[(3-3,00,15)\cdot(5-2,56)]+[(3-3,00)\cdot(4-2,56)]+\\ [(1-3,00)\cdot(1-2,56)]+[(5-3,00)\cdot(3-2,56)]+[(3-3,00)\cdot(2-2,56)]\end{array}}{\sqrt{\begin{array}{c}[(3-3,00)^2+(3-3,00)^2+(1-3,00)^2+(5-3,00)^2+(3-3,00)^2]\cdot\\ [(5-2,56)^2+(4-2,56)^2+(1-2,56)^2+(3-2,56)^2+(2-2,56)^2]\end{array}}}$

    $\approx \frac{4,00}{\sqrt{8,00\cdot10,9688}} \approx 0,43$

    (vgl. Abbildung 47 bzw. grau markierte Zellen in Spalte 5 von Tabelle 6)

Die errechneten Ähnlichkeitswerte liegen hier immer zwischen -1 und $+1$. Dabei symbolisiert -1 einen negativen Zusammenhang, 0 gar keinen Zusammenhang und $+1$ einen positiven Zusammenhang zwischen den betrachteten Usern. Die fertig berechnete Ähnlichkeitstabelle zwischen den Benutzern (Abbildung 47) wird anschließend auf dem Smartphone-Display dargestellt [aehnlichkeitstabelle_benutzer_zeichnen();].

Abbildung 47: Ausgabe der Ähnlichkeitstabelle (Benutzer) für einen Schwellenwert von 0.90 auf dem Smartphone-Display

An dieser vorliegenden Ähnlichkeitstabelle fallen zwei Besonderheiten auf. Neben der Diagonalen taucht auch z.B. zwischen User 2 und User 3 der Ähnlichkeitswert 1.00 auf. Dieser scheinbar äußerst positive Zusammenhang zwischen den beiden Nutzern resultiert daher, dass nur eine App existiert, die sowohl von User 2 als auch User 3 bewertet wurde. Beide Nutzer haben in diesem Fall der App 2 das Rating 4 gegeben (Abbildung 45).

Ein weiterer Sonderfall ist beispielsweise bei der Ähnlichkeitsberechnung zwischen den Usern 2 und 4 aufgetreten. Hier gab es nämlich überhaupt keine App, die von diesen beiden Usern gleichzeitig bewertet wurde. Demzufolge wurde für diese Konstellation vom Programm der Ähnlichkeitswert 0.00 eingetragen.

Für den Ansatz des Collaborative Filterings nach Formel 2.9d (im nachfolgenden Schritt 8) werden neben einer Ähnlichkeitstabelle noch weitere Komponenten benötigt. So muss für jeden User ein Erwartungswert berechnet werden [erwartungswert_fuerjeden_user_bestimmen(); erwartungswert_user_-berechnen(in_benutzer, in_tabelle);]. Dabei handelt es sich um den Durchschnittswert aus all seinen bisher abgegebenen Bewertungen (Formel 2.10). Diese Informationen werden nach Berechnung pro User in der Tabelle *benutzerprofile* im Feld „erwartungswert" festgehalten. Ein Beispiel für die konkrete Erwartungswertberechnung wurde bereits in vorherigem Beispiel gezeigt.

7. NORMALISIERUNGSFAKTOR PRO USER BESTIMMEN
   [Schritt6.java → DBHelper.java]:

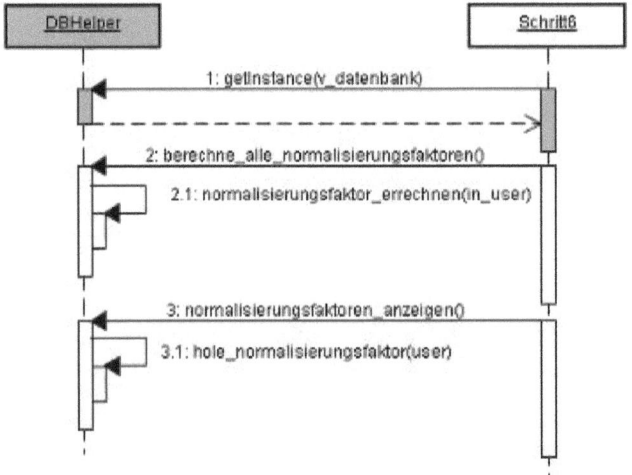

Abbildung 48: Teilausschnitt aus Gesamt-Ablauf (Abbildung 33) zwischen Schritt6.java und DBHelper.java

Vor der Ermittlung der unbekannten Bewertungen gemäß Collaborative Filtering (Kapitel 2.2.4.2) wird in diesem Schritt noch für jeden User die Komponente Normalisierungsfaktor bestimmt [berechne_alle_normalisierungsfaktoren(); normalisierungsfaktor_errechnen(in_user)]. Für die Berechnung auf Basis der vorher in Schritt 6 ermittelten Ähnlichkeitstabelle (Abbildung 47) wird Formel 2.11 angewendet.

Mit folgendem Select werden alle Ähnlichkeitswerte $sim(u, u')$ eines Users (hier: Nutzer 1) zu anderen Usern aus der Tabelle *aehnlichkeiten_benutzer* für die Berechnung seines Normalisierungsfaktors herangeholt:

```
1   select aehnlichkeitswert
    from aehnlichkeiten_benutzer
    where benutzer_id1 = 1
    and benutzer_id1 <> benutzer_id2;
```

Listing 3.1: Selektion aller Ähnlichkeitswerte eines Users (hier: Nutzer 1) zu anderen Usern

Hier ein Beispiel für die Berechnung des Normalisierungsfaktors für User 1 (bei Schwellenwert 0.90).

- Gegeben:
  - Ähnlichkeitstabelle aus Abbildung 47 bzw. Tabelle 6
  - $\rightarrow$ alle Ähnlichkeiten des Users 1 zu anderen Usern:

    $sim(u_1, u_2) \approx 0,43$; $sim(u_1, u_3) \approx 0,28$; $sim(u_1, u_4) \approx 0,19$;

    $sim(u_1, u_5) \approx -0,36$; $sim(u_1, u_6) \approx 0,51$; $sim(u_1, u_7) \approx 0,54$;

    $sim(u_1, u_8) \approx -0,18$; $sim(u_1, u_9) \approx 0,62$

- Berechnung nach Formel 2.11:

  $$k = \frac{1}{(|0,43|+|0,28|+|0,19|+|-0,36|+|0,51|+|0,54|+|-0,18|+|0,62|)}$$
  $$\approx 0,32074832223179$$

  (vgl. Abbildung 49 bzw. grau markierte Zellen in Spalte 7 von Tabelle 6)

Die errechneten Normalisierungsfaktoren pro User (Abbildung 49) werden wieder zur Kontrolle auf dem Handy- Display angezeigt [normalisierungsfaktoren_anzeigen(); hole_normalisierungsfaktor(user);]. Mit diesem Schritt sind alle notwendigen Vorarbeiten für die Berechnung der unbekannten Ratings nach dem empfehlungsbasierten Ansatz (gemäß Formel 2.9d) abgeschlossen.

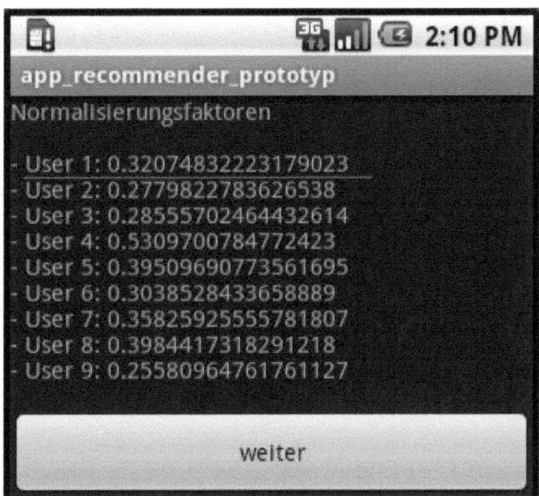

Abbildung 49: Ausgabe der Normalisierungsfaktoren der User auf dem Smartphone-Display bei einem Schwellenwert von 0.90

8. Unbekannte Ratings berechnen

[Schritt7.java –> DBHelper.java]:

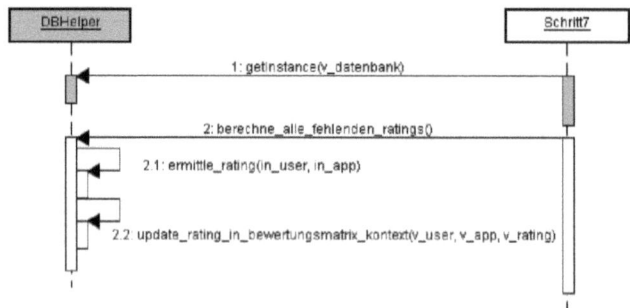

Abbildung 50: Teilausschnitt aus Gesamt-Ablauf (Abbildung 33) zwischen Schritt7.java und DBHelper.java

Der Abschluss von Punkt 6 und 7 ist für den nun folgenden dritten Prozessschritt des CF-Ansatzes („*Auswahl der Mentoren*", Abbildung 20) elementar. Für jeden Nutzer aus der Bewertungsmatrix wurde nun bekanntlich seine Ähnlichkeit zum aktiven SwSmP-User berechnet. Dies war notwendig, da im entwickelten Prototypen nun alle Benutzer in gewichteter Form (Abbildung 47) als Mentoren für die Berechnung der „*Missing Values*" und der daraus folgenden Ableitung von Empfehlungen (vierter Prozessschritt aus Abbildung 20) verwendet werden sollen.

Zuerst werden dafür alle unbekannten Bewertungen (bewertung = 0) aus der Tabelle *bewertungsmatrix_kontext* selektiert [berechne_alle_fehlenden_ratings();]:

```
5  select benutzer_id, app_id
   from bewertungsmatrix_kontext
   where bewertung = 0
   order by benutzer_id, app_id;
```

Listing 3.2: Selektion aller unbekannten Ratings

Für jeden der damit ermittelten Sätze wird das unbekannte Rating nach dem empfehlungsbasierten Ansatz (Collaborative Filtering) über die in Kapitel 2.2.4.2 bereits angesprochene Formel 2.9d berechnet [ermittle_rating(in_user, in_app);]. Am Beispiel des „*Missing Value*" von User 1 für App 2 (bei einem Schwellenwert für die Kontext-Ähnlichkeit von 0.90) wird diese Berechnung durch die Applikation im Folgenden detailliert erläutert:

- Gegeben:
  - Bewertungsmatrix aus Abbildung 45
  - Ähnlichkeitstabelle aus Abbildung 47
  - Normalisierungsfaktoren aus Abbildung 49
  - → alle Ähnlichkeiten des Users 1 zu anderen Usern (Gewichtungen):
    $sim(u_1, u_1) = 1,00; sim(u_1, u_2) = 0,43; sim(u_1, u_3) = 0,28;$
    $sim(u_1, u_4) = 0,19; sim(u_1, u_5) = -0,36; sim(u_1, u_6) = 0,51;$
    $sim(u_1, u_7) = 0,54; sim(u_1, u_8) = -0,18; sim(u_1, u_9) = 0,62;$

91

- → alle Ratings zu App 2:

$r_{2,2} = 4; r_{3,2} = 4; r_{4,2} = 1; r_{5,2} = 5; r_{6,2} = 5; r_{7,2} = 5; r_{8,2} = 5; r_{9,2} = 3$

- → Normalisierungsfaktoren:

$k_1 = 0.32074832223179; k_2 = 0.277982278362654; k_3 = 0.285557024644326;$

$k_4 = 0.530970078477242; k_5 = 0.395096907735617; k_6 = 0.303852843365889;$

$k_7 = 0.358259255557818; k_8 = 0.398441731829122; k_9 = 0.255809647617611$

- Außerdem stehen die unter Punkt 6 berechneten Erwartungswerte eines jeden Users (auf Basis der Tabelle *bewertungsmatrix_kontext*) in der Tabelle *benutzerprofile* bereit. Das SQL für deren Abfrage lautet:

```
select benutzer_id, erwartungswert from benutzerprofile;
```

Listing 3.3: Selektion Erwartungswerte

$\bar{r}_1 = 3.0;$

$\bar{r}_2 = 2.55555555555556;$

$\bar{r}_3 = 2.75;$

$\bar{r}_4 = 2.77777777777778;$

$\bar{r}_5 = 3.71428571428571;$

$\bar{r}_6 = 3.14285714285714;$

$\bar{r}_7 = 3.71428571428571;$

$\bar{r}_8 = 3.22222222222222;$

$\bar{r}_9 = 2.875$

- Rechenschritte (gemäß Formel 2.9d):

$$
\begin{aligned}
p_{1,2} = \bar{r}_1 + k_1 \cdot [\quad &= 3,0 + 0,32074832223179 \cdot [\\
sim(u_1, u_2) \cdot (r_{2,2} - \bar{r}_2) + \quad &0,43 \cdot (4 - 2,55555555555556) + \\
sim(u_1, u_3) \cdot (r_{3,2} - \bar{r}_3) + \quad &0,28 \cdot (4 - 2,75) + \\
sim(u_1, u_4) \cdot (r_{4,2} - \bar{r}_4) + \quad &0,19 \cdot (1 - 2,77777777777778) + \\
sim(u_1, u_5) \cdot (r_{5,2} - \bar{r}_5) + \quad &(-0,36) \cdot (5 - 3,71428571428571) + \\
sim(u_1, u_6) \cdot (r_{6,2} - \bar{r}_6) + \quad &0,51 \cdot (5 - 3,14285714285714) + \\
sim(u_1, u_7) \cdot (r_{7,2} - \bar{r}_7) + \quad &0,54 \cdot (5 - 3,71428571428571) + \\
sim(u_1, u_8) \cdot (r_{8,2} - \bar{r}_8) + \quad &(-0,18) \cdot (5 - 3,22222222222222) + \\
sim(u_1, u_9) \cdot (r_{9,2} - \bar{r}_9)] \quad &0,62 \cdot (3 - 2,875)] \\
&= 3,503383944
\end{aligned}
$$

Zum Abschluss der Rechenoperationen werden die (neu) bestimmten Rating-Werte auf dem Display dargestellt (Abbildung 51) und in der Tabelle *bewertungsmatrix_kontext* festgehalten [update_rating_in_bewertungsmatrix_kontext (v_user, v_app, v_rating);].

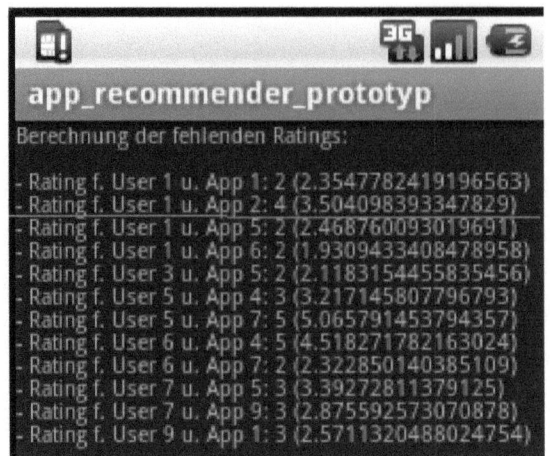

Abbildung 51: Ausgabe der berechneten (unbekannten) Ratings auf dem
Smartphone-Display

9. ZUSAMMENFASSUNG - DARSTELLUNG DER (ERRECHNETEN) EMPFEHLUNGEN PRO
BENUZTER
[Schritt8.java –> DBHelper.java]:

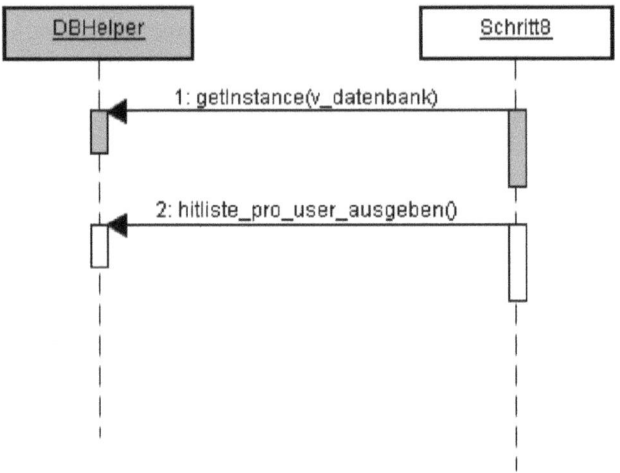

Abbildung 52: Teilausschnitt aus Gesamt-Ablauf (Abbildung 33) zwischen Schritt8.java
und DBHelper.java

In einer Zusammenfassung wird am Ende dieser prototypischen Applikation
für jeden Benutzer eine Rangfolge der für ihn empfehlenswerten Produkte
(Abbildung 53) aufgestellt. Zu beachten ist dabei die absteigende Reihenfolge
– d.h. das Produkt bzw. die App mit der höchsten (prognostizierten) User-
Bewertung steht ganz links in der Zeile (vgl. Schritt 4 in Abbildung 20). Apps,
die dem Nutzer (möglicherweise) nur einen geringen oder gar keinen Nutzen bringen und demzufolge ein schlechtes/geringes Rating (vorhergesagt)
bekamen, stehen weiter rechts in der Zeile des betrachteten Users.

Applikationen, zu denen zur aktuellen Kontext-Situation (z.T. durch Reduzie-rung in Punkten 2, 3 und 4) keine eigene Bewertung durch den User vorlagen (= „Missing Values"), sind in der Zusammenfassung (Abbildung 53) mit einem Hochkomma markiert. Zu diesen Anwendungen wurden in den vorherigen Schritten die zugrunde liegenden möglichen Ratings durch den jeweiligen User rechnerisch prognostiziert.

Abbildung 53: sortierte Ausgabe der (ermittelten) App-Empfehlungen pro User in absteigender Reihenfolge

Angenommen Benutzer 5 hat sich zu dem unter Punkt 2 beschriebenen Kon-text beim App-Shop angemeldet, so erhält der SwSmP von seiner Recommender-Komponente die Information, dass die Applikationen 7, 2 und 6 dem Nutzer 5 in der aktuellen Kontext-Situation möglicherweise großen Nutzen verspre-chen könnten (Abbildungen 45, 51 und 53). Die Wahrscheinlichkeit, dass diese Anwendungen das Interesse des Users wecken, sollte also relativ groß sein. Demnach macht es für den Portal-Betreiber Sinn, diese Produkte mög-lichst prominent im SwSmP zu präsentieren (Stichwort Personalisierung im einführenden Kapitel 1.3), um die Download-Zahlen und damit den Umsatz anzukurbeln.

Teil IV

PRAKTISCHE VERSUCHSREIHEN

4

UNTERSUCHUNG DES EINFLUSSES DER KONTEXT-AGGREGATION AUF DIE EMPFEHLUNGEN

Kapitel 3 hat gezeigt, wie die Integration einer kontext-sensitiven Recommender-Komponente in einen SwSmP (nach dem empfehlungsbasierten Ansatz, Kapitel 2.2.4.2) aussehen könnte. Der vorgestellte Prototyp einer SwSmP-App für ein mobiles Endgerät errechnet personalisierte Empfehlungen u.a. auf der Basis der bereits bekannten App-Ratings aller Nutzer, die in einer gleichen bzw. ähnlichen Kontext-Situation (hier: gleicher/ähnlicher Ort und Betriebssystem) abgegeben wurde.

Die Beurteilung, welche Kontext-Situationen (einer Bewertung) als gleich oder ähnlich zum aktuellen User-Kontext angesehen werden, kann im Programm über einen Schwellenwert (Abbildung 40) gesteuert werden (= Aggregation[40] mehrer Ratings als „kontext-gleich"). Im Folgenden werden nun mit der entwickelten App mehrere Versuchsabfolgen durchgeführt, um zu untersuchen, welchen Einfluss diese „Stellschraube" (Schwellenwert) auf die errechneten Empfehlungen hat. D.h. es wird untersucht, wie sich die ermittelten Ratings verändern, wenn Kontext-Situationen mehr oder weniger als gleich angesehen werden (Aggregation).

4.1 BESCHREIBUNG UND ANALYSE DER VERWENDETEN TESTDATEN

Ausgangspunkt der folgenden Testreihe (Kapitel 4.2) ist die in Tabelle 5 gezeigte (drei-dimensionale) Bewertungsmatrix – welche durch das in Listing 4.1 gezeigte Select aus dem Datenmodell (Abbildung 31) erzeugt wurde. Die Tabelle entspricht also einer flachen Darstellung des vorher angesprochenen Zauberwürfels/Hypercubes (Abbildung 36). Die Tabelle zeigt alle ursprünglichen Testdaten – noch vor der erläuterten kontext-reduzierenden Slice-Operation (Abbildung 44).

```
10  select a.benutzer_id || ' & ' || a.app_id || ' & ' || a.bewertung || ' & ' || round(b.aktuelle_laenge, 2) || '
        & ' || round(b.aktuelle_breite, 2) || ' & ' || b.aktueller_ort || ' & ' || b.aktuelles_betriebssystem
        || ' & ' || c.aehnlichkeitswert || case when c.aehnlichkeitswert < 0.90 then ' & - & - & - & - \\'
        when c.aehnlichkeitswert between 0.90 and 0.92 then ' & X & - & - & - \\'  when c.aehnlichkeitswert
        between 0.92 and 0.94 then ' & X & X & - & - & - \\' when c.aehnlichkeitswert between 0.94 and 0.96 then
        ' & X & X & X & - & - \\' when c.aehnlichkeitswert between 0.96 and 0.98 then ' & X & X & X & X & - \\'
        when c.aehnlichkeitswert >= 0.98 then ' & X & X & X & X & X \\' end
    from bewertungsmatrix  a, kontextsituationen b, aehnlichkeiten_kontext c
    where a.kontext_id = b.kontext_id
    and c.kontext_id2 = a.kontext_id
    order by a.benutzer_id, a.app_id;
```

Listing 4.1: Selektion zur Darstellung der drei Dimensionen der Ausgangs-Bewertungsmatrix

Des Weiteren gibt sie Auskunft darüber, welcher Benutzer, welche App unter welchen Kontext-Umständen wie bewertet hat (Spalten 1 - 7). Die Kontext-Situation wird in diesem Beispiel durch folgende drei Dimensionen der physikalischen Umgebung (Kapitel 2.3.2) charakterisiert: „geografische Länge", „geografische Breite" und „verwendetes Betriebssystem" bzw. Android-Version (Spalten 4 - 7). In dieser

---

40 „Aggregation beinhaltet die Zusammenfassung mehrerer Datensätze einer untergeordneten Aggregationsebene [...] zu einem Datensatz höherer Aggregationsebene [...]" (vgl. Petersohn 2005, S. 60)

Darstellung werden die geografische Länge und Breite weiterverarbeitet und es wird daraus höherwertiger Kontext (Kapitel 2.3.3) – durch Ableitung der weiteren Kontext-Dimension „*Standort*" (Spalte 6) – gewonnen.

Benut-zer	App	Bewer-tung	Kontext Länge	Breite	→ Standort	BS	Ähnlichkeits-wert Kontext	1	2	3	4	5
1	1	5	174.45	-36.51	Auckland, Neuseeland	1.6	0.772860202633641	-	-	-	-	-
1	2	3	-82.22	23.08	Havanna, Kuba	2.1	0.553748720153242	-	-	-	-	-
1	3	3	-74.35	6.15	Medellin, Kolumbien	1.6	0.959385276791746	X	X	X	-	-
1	4	3	10.48	52.26	Wolfsburg, Deutschland	1.5	0.999866988568864	X	X	X	X	X
1	5	4	151.12	-33.53	Sydney, Australien	1.5	0.804579864118296	-	-	-	-	-
1	6	1	174.45	-36.51	Auckland, Neuseeland	1.6	0.772860202633641	-	-	-	-	-
1	7	1	139.46	35.42	Tokyo, Japan	1.5	0.955664496308794	X	X	X	-	-
1	8	5	-43.14	-22.54	Rio De Janeiro, Brasilien	1.5	0.982700159859355	X	X	X	X	X
1	9	3	-6.15	53.2	Dublin, Irland	1.5	0.998158737354378	X	X	X	X	X
2	1	1	10.13	56.1	Aarhus, Daenemark	1.5	0.999567826857844	X	X	X	X	X
2	2	4	34.46	32.05	Tel Aviv, Israel	1.5	0.99344131635778	X	X	X	X	X
2	3	5	-123.07	49.17	Vancouver, Kanada	1.5	0.919297051233893	X	-	-	-	-
2	4	1	11.15	43.46	Florenz, Italien	1.5	0.999884269182959		X	X	X	X
2	5	2	2.2	48.52	Paris, Frankreich	1.5	0.999699618736478		X	X	X	X
2	6	1	10.0	53.33	Hamburg, Deutschland	1.5	0.999780935419467		X	X	X	X
2	7	1	-43.14	-22.54	Rio De Janeiro, Brasilien	1.5	0.982700159859355		X	X	X	X
2	8	3	20.3	44.5	Beograd, Jugoslawien	1.5	0.999429331214141		X	X	X	X
2	9	2	116.24	39.56	Beijing, China	1.5	0.969923169598799		X	X	X	-
3	1	1	21.0	52.15	Warschau, Polen	1.6	0.985433341947073	X	X	X	X	X
3	2	4	12.25	51.2	Leipzig, Deutschland	1.5	0.9999963425647894	X	X	X	X	X
3	3	3	26.06	44.26	Bukarest, Rumaenien	1.6	0.983501607346683	X	X	X	X	X
3	4	5	19.5	41.2	Tirana, Albanien	1.5	0.99904106684844	X	X	X	X	X
3	5	2	113.32	22.12	Macao, Macao	2.1	0.681456671055041	-	X	X	X	X
3	6	2	8.48	53.05	Bremen, Deutschland	1.5	0.999718529398928	X	X	X	X	X
3	7	2	6.26	51.12	Moenchengladbach, Deutschland	1.5	0.999737131209058	X	X	X	X	X
3	8	3	-58.27	-34.36	Buenos Aires, Argentinien	1.5	0.916276521832131	X	-	-	-	-
3	9	2	-1.53	52.29	Birmingham, Grossbritannien	1.5	0.998936470478037		X	X	X	X
4	1	1	-0.34	44.5	Bordeaux, Frankreich	1.5	0.999848376448945		X	X	X	X
4	2	1	7.27	51.32	Dortmund, Deutschland	1.5	0.999777551089092		X	X	X	X
4	3	5	116.24	39.56	Beijing, China	1.5	0.969923169598799		X	X	X	-
4	4	1	20.3	44.5	Beograd, Jugoslawien	1.5	0.999429331214141		X	X	X	X
4	5	4	4.54	52.23	Amsterdam, Niederlande	1.6	0.984236302157404		X	X	X	X
4	6	5	-9.08	38.43	Lissabon, Portugal	1.6	0.981431204693491		X	X	X	X
4	7	1	20.3	44.5	Beograd, Jugoslawien	1.5	0.999429331214141		X	X	X	X
4	8	2	-0.05	51.31	London, Grossbritannien	1.5	0.999228885263728	X	X	X	X	X
4	9	4	11.58	57.43	Goeteborg, Schweden	1.6	0.985306968083588	X	X	X	X	X
5	1	4	35.13	31.47	Jerusalem, Israel	1.5	0.992986581161917	X	X	X	X	X
5	2	5	8.41	50.07	Frankfurt am Main, Deutschland	1.5	0.999899353340829	X	X	X	X	X
5	3	3	-2.14	53.28	Manchester, Grossbritannien	1.5	0.998711201691772	X	X	X	X	X
5	4	4	-5.56	54.36	Belfast, Nordirland	2.1	0.682406510238646	-	-	-	-	-
5	5	4	10.44	59.55	Oslo, Norwegen	1.6	0.985223096454033	X	X	X	X	X
5	6	5	22.58	40.38	Thessaloniki, Griechenland	1.5	0.998530004914263	X	X	X	X	X
5	7	2	-6.51	34.02	Rabat, Marokko	2.1	0.64355096785591	-	-	-	-	-
5	8	3	23.43	37.58	Athen, Griechenland	1.5	0.997768799018935	X	X	X	X	X
5	9	2	-99.09	19.24	Mexico City, Mexiko	1.6	0.937915560281831	X	X	-	-	-
6	1	3	-6.15	53.2	Dublin, Irland	1.5	0.998158737354378	X	X	X	X	X
6	2	5	7.36	47.33	Basel, Schweiz	1.6	0.984075313529856	X	X	X	X	X
6	3	4	-6.15	53.2	Dublin, Irland	1.5	0.998158737354378	X	X	X	X	X
6	4	1	3.14	51.13	Bruegge, Belgien	2.1	0.682504292717787	-	-	-	-	-
6	5	3	24.58	60.1	Helsinki, Finnland	1.5	0.999967439815456	X	X	X	X	X
6	6	1	-71.03	42.21	Boston, Massachusetts (USA)	1.6	0.956085570027882	X	X	-	-	-
6	7	5	-3.41	40.24	Madrid, Spanien	2.1	0.658108776103818	-	-	-	-	-
6	8	4	5.24	43.18	Marseille, Frankreich	1.5	0.999999008036362	X	X	X	X	X
6	9	2	4.25	51.13	Antwerpen, Belgien	1.5	0.999609726802079	X	X	X	X	X
7	1	3	12.35	55.4	Kopenhagen, Daenemark	1.5	0.999760776075808	X	X	X	X	X
7	2	5	6.07	49.36	Luxemburg, Luxemburg	1.6	0.984195046720564	X	X	X	X	X
7	3	2	77.12	28.36	Neu-Delhi, Indien	1.5	0.975804274297847	X	X	X	-	-
7	4	5	37.35	55.45	Moskau, Sowjetunion	1.6	0.986003786482132	X	X	X	X	X
7	5	5	151.12	-33.53	Sydney, Australien	1.5	0.804579864118296	-	-	-	-	-
7	6	2	23.19	42.41	Sofia, Bulgarien	1.5	0.998838159652456	X	X	X	X	X
7	7	3	35.13	31.47	Jerusalem, Israel	1.5	0.992986581161917	X	X	X	X	X
7	8	5	-74.0	40.45	New York, New York (USA)	1.6	0.954400573482337	X	X	X	-	-
7	9	2	-74.05	4.36	Bogata, Kolumbien	2.1	0.512934687386292	-	-	-	-	-
8	1	1	2.2	48.52	Paris, Frankreich	1.5	0.999699618736478	X	X	X	X	X
8	2	5	31.15	30.03	Kairo, aegypten	1.5	0.99337682587883	X	X	X	X	X
8	3	1	16.22	48.12	Wien, oesterreich	1.6	0.984617771448874	X	X	X	X	X
8	4	1	22.58	40.38	Thessaloniki, Griechenland	1.5	0.998530004914263	X	X	X	X	X
8	5	5	-9.4	30.3	Agadir, Marokko	1.5	0.979875174296994	X	X	X	X	-
8	6	1	6.26	51.12	Moenchengladbach, Deutschland	1.5	0.999737131209058	X	X	X	X	X
8	7	5	4.19	52.04	Den Haag, Niederlande	1.6	0.984183522869458	X	X	X	X	X
8	8	4	9.43	52.22	Hannover, Deutschland	1.5	0.999824537107508	X	X	X	X	X
8	9	2	4.2	50.5	Bruessel, Belgien	1.5	0.99966165700396	X	X	X	X	X
9	1	1	145.0	-37.5	Melbourne, Australien	1.5	0.547060735494692	-	-	-	-	-
9	2	3	-118.14	34.03	Los Angeles, California (USA)	1.5	0.935237645307691	X	X	-	-	-
9	3	5	6.47	51.13	Duesseldorf, Deutschland	1.5	0.999748145739897	X	X	X	X	X
9	4	4	16.28	43.31	Split, Kroatien	1.6	0.983577083456477	X	X	X	X	X
9	5	1	8.48	53.05	Bremen, Deutschland	1.5	0.999718529398928	X	X	X	X	X
9	6	1	12.29	41.54	Rom, Italien	1.5	0.999689524702948	X	X	X	X	X
9	7	1	-112.04	33.27	Phoenix, Arizona (USA)	1.5	0.943657617882974	X	X	X	-	-
9	8	4	5.24	43.18	Marseille, Frankreich	1.5	0.999999008036362	X	X	X	X	X
9	9	4	13.45	51.03	Dresden, Deutschland	1.5	0.999987030407932	X	X	X	X	X

Tabelle 5: grundlegende drei-dimensionale Bewertungsmatrix für die anschließende Untersuchung zur Kontext-Ähnlichkeit

Zusammenfassend lässt sich aus Tabelle 5 beispielsweise erkennen, dass für Nutzer 2 die App 3 auf einem Endgerät mit der Android-BS-Variante 1.5 am Standort Vancouver (Kanda) von großem Nutzen war (= Bewertung 5). Darüber hinaus zeigt Spalte 8, wie stark der Kontext, unter dem die jeweilige Bewertung abgegeben wurde (Spalten 4 - 7), mit dem aktuell aus dem mobilen Endgerät ausgelesen

Kontext (Abbildung 38 bzw. Spalte 3 in Tabelle 6) übereinstimmt. Aus den letzten Spalten (9 - 13) kann noch abgelesen werden, ob ein Rating auch nach einer Slice-Operation noch Bestandteil der Tabelle *bewertungsmatrix_kontext* und damit der jeweiligen Testreihe ist.

VERWEIS AUF RECHENBEISPIELE AUS KAPITEL 3.4

Die grau markierte Zeile in Tabelle 5 verweist auf die Berechnung der Kontext-Ähnlichkeit analog zu Schritt 4 in Kapitel 3.4.3. Die grau hinterlegte Spalte 8 korrespondiert z.B. mit Abbildung 45 und macht deutlich, welche Ratings nach einer Slice-Operation für einen Schwellenwert von 0.90 in der Testreihe 1 noch in die Tabelle *bewertungsmatrix_kontext* und damit in die rechnerische Rating-Prognose (Schritt 6 in Kapitel 3.4.3) einfließen.

VERTEILUNGSANALYSE DER TESTDATEN

Jede Testreihe ist natürlich auch immer abhängig von den zugrunde liegenden Testdaten. Aus diesem Grund macht ein Blick auf die Verteilung der Ratings aus der Bewertungsmatrix (Tabelle 5) hinsichtlich der beiden Kontext-Dimensionen Standort (Abbildung 54, linke Seite) und Betriebssystem/Android Version (Abbildung 54, rechte Seite) Sinn. Das folgende Select-Statement stellt die Grundlage für die Abbildung 54 dar:

```
15  select a.id, a.kontext_id, a.benutzer_id, a.app_id, a.bewertung, b.aktuelle_breite, b.aktuelle_laenge, b.
        aktuelles_betriebssystem
    from bewertungsmatrix a, kontextsituationen b
    where a.kontext_id = b.kontext_id;
```

Listing 4.2: Selektion zur Analyse der Verteilung der Ratings

Die Abbildung 54 zeigt, dass der Großteil der App-Bewertungen in Europa und mit einem Smartphone mit Android-Betriebssystem der Version 1.5 (*„Cupcake"*) abgegeben wurde.

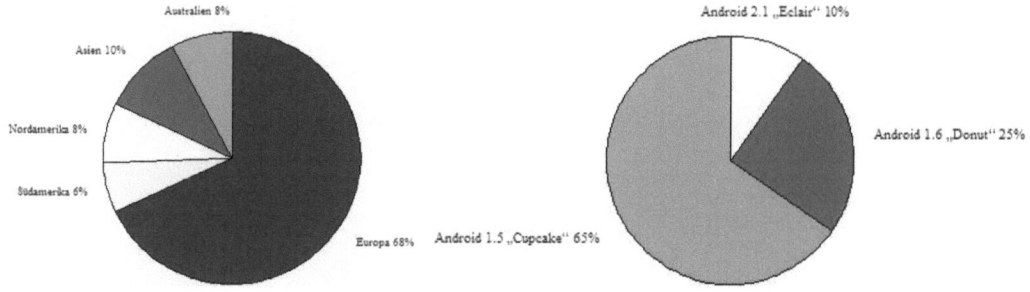

Abbildung 54: Verteilung der Ratings aus Bewertungsmatrix (Abbildung 5) hinsichtlich der Kontext-Dimensionen Standort (links) und Betriebssystem/Android Version (rechts)

Wie am Anfang von Kapitel 4 bereits erwähnt, wurde zur Durchführung von Versuchsreihen eine Eingabemaske zur Veränderung des Schwellenwerts hinsichtlich der Kontext-Aggregation in den neu entwickelten Prototypen integriert (Abbildung 40). Diese Einstellmöglichkeit stellt die Grundlage der Testreihen dar. So wurden mit folgenden fünf Werten komplette Programmdurchläufe (Kapitel 3.4.3) und damit Empfehlungsgenerierungen (Abbildung 53) durchgeführt:

- Testreihe 1: Schwellenwert = 0,90

- Testreihe 2: Schwellenwert = 0,92

- Testreihe 3: Schwellenwert = 0,94

- Testreihe 4: Schwellenwert = 0,96

- Testreihe 5: Schwellenwert = 0,98

Mit Bestimmung der Kontext-Situation des aktuellen App-Nutzers (Abbildung 38) fließen nur die Bewertungen in die Empfehlungsberechnung ein (= Slice-Operation), die entweder

a) unter exakt dem gleichen Kontext oder

b) unter im Rahmen des vorgegebenen Schwellenwertes ähnlichem Kontext

durchgeführt wurden. Mit Umsetzung der fünf Testreihen soll nun der Frage nachgegangen werden, ob und ggfs. warum den Usern je nach Schwellenwert andere Apps empfohlen werden. Die Berechnungen und Ergebnisse aus jedem dieser fünf Testläufe finden sich in komprimierter Form auf den folgenden zwei Seiten in Tabelle 6.

Tabelle 6: Testreihen zur Kontext-Aggregation

Test-reihe	Schwel-lenwert	aktueller Kontext	%-Satz bek. Ratings	Ähnlichkeitstabelle Benutzer	Normalisierungsfaktoren	berechnete fehlende Ratings	Rangfolge empfohlener Apps
1	0.90	Breite: 48.157956, Länge: 11.586097, BS: 1.5	85%	siehe unten	siehe unten	siehe unten	siehe unten
2	0.92	Breite: 48.157956, Länge: 11.586097, BS: 1.5	83%	siehe unten	siehe unten	siehe unten	siehe unten
3	0.94	Breite: 48.157956, Länge: 11.586097, BS: 1.5	80%	siehe unten	siehe unten	siehe unten	siehe unten

Testreihe 1 (Schwellenwert 0.90)

Ähnlichkeitstabelle Benutzer

	u_1	u_2	u_3	u_4	u_5	u_6	u_7	u_8	u_9
u_1	1.0	0.43	0.28	0.19	-0.36	0.51	0.54	-0.18	0.62
u_2	0.43	1.0	0.78	-0.04	-0.18	0.77	0.24	-0.35	0.8
u_3	0.28	0.78	1.0	-0.36	0.16	0.68	0.69	-0.06	0.48
u_4	0.19	-0.04	-0.36	1.0	-0.21	-0.61	-0.4	-0.06	-0.01
u_5	-0.36	-0.18	0.16	-0.21	1.0	0.03	0.29	0.6	-0.69
u_6	0.51	0.77	0.68	-0.61	0.03	1.0	0.18	-0.02	0.49
u_7	0.54	0.24	0.69	-0.4	0.29	0.18	1.0	0.43	0.02
u_8	-0.18	-0.35	-0.06	-0.06	0.6	-0.02	0.43	1.0	-0.81
u_9	0.62	0.8	0.48	-0.01	-0.69	0.49	0.02	-0.81	1.0

Normalisierungsfaktoren

$k_1 = 0.3207483222223179$
$k_2 = 0.27798228362654$
$k_3 = 0.285557024464326$
$k_4 = 0.530970078477242$
$k_5 = 0.395096907735617$
$k_6 = 0.303852843336889$
$k_7 = 0.358259255557818$
$k_8 = 0.398441731829122$
$k_9 = 0.255809647617611$

berechnete fehlende Ratings

$r_{1,1} = 2.354778241919 6563 \approx 2$
$r_{1,2} = 3.504098393347829 \approx 4$
$r_{1,5} = 2.468760093019691 \approx 2$
$r_{1,6} = 1.93094334084 78958 \approx 2$
$r_{3,5} = 2.118315445835456 \approx 2$
$r_{5,4} = 3.217145807796793 \approx 3$
$r_{5,7} = 5.065791453794357 \approx 5$
$r_{6,4} = 4.51827174826 13024 \approx 5$
$r_{6,7} = 2.322850140385109 \approx 2$
$r_{7,5} = 3.392728113 79125 \approx 3$
$r_{7,9} = 2.875592573070878 \approx 3$
$r_{9,1} = 2.57113204880 24754 \approx 3$

Rangfolge empfohlener Apps

u_1: $i_8, i_2', i_3, i_4, i_9, i_5, i_1', i_6', i_7$
u_2: $i_3, i_2, i_4, i_8, i_5, i_9, i_1, i_6, i_7$
u_3: $i_4, i_2, i_3, i_8, i_5, i_6, i_7, i_9, i_1$
u_4: $i_3, i_6, i_5, i_9, i_1, i_8, i_2, i_4, i_7$
u_5: $i_7, i_2, i_6, i_1, i_5, i_4, i_3, i_8, i_9$
u_6: $i_2, i_4, i_3, i_8, i_1, i_5, i_7, i_9, i_6$
u_7: $i_2, i_4, i_8, i_6, i_5, i_7, i_9, i_1, i_3$
u_8: $i_2, i_5, i_6, i_7, i_8, i_9, i_1, i_3, i_4$
u_9: $i_3, i_4, i_8, i_9, i_2, i_1, i_5, i_6, i_7$

Testreihe 2 (Schwellenwert 0.92)

Ähnlichkeitstabelle Benutzer

	u_1	u_2	u_3	u_4	u_5	u_6	u_7	u_8	u_9
u_1	1.0	0.62	0.28	0.19	-0.36	0.51	0.54	-0.18	0.62
u_2	0.62	1.0	0.93	-0.48	0.02	0.85	0.83	-0.12	0.66
u_3	0.28	0.93	1.0	-0.36	0.2	0.69	0.71	-0.07	0.48
u_4	0.19	-0.48	-0.36	1.0	-0.21	-0.61	-0.4	-0.06	-0.01
u_5	-0.36	0.02	0.2	-0.21	1.0	0.03	0.29	0.6	-0.69
u_6	0.51	0.85	0.69	-0.61	0.03	1.0	0.18	-0.02	0.49
u_7	0.54	0.83	0.71	-0.4	0.29	0.18	1.0	0.43	0.02
u_8	-0.18	-0.12	-0.07	-0.06	0.6	-0.02	0.43	1.0	-0.81
u_9	0.62	0.66	0.48	-0.01	-0.69	0.49	0.02	-0.81	1.0

Normalisierungsfaktoren

$k_1 = 0.302039649817675$
$k_2 = 0.222196327682008$
$k_3 = 0.268346976693909$
$k_4 = 0.432220686674151$
$k_5 = 0.416268688206819$
$k_6 = 0.296723022352774$
$k_7 = 0.294175274523122$
$k_8 = 0.435421286906205$
$k_9 = 0.265170647286816$

berechnete fehlende Ratings

$r_{1,1} = 2.361556721989 4986 \approx 2$
$r_{1,2} = 3.6188236984841913 \approx 4$
$r_{1,5} = 2.524730893823557 \approx 3$
$r_{1,6} = 1.96321110231 37508 \approx 2$
$r_{2,3} = 2.28752274116 72463 \approx 2$
$r_{3,5} = 2.248614769239964 \approx 2$
$r_{3,8} = 3.62181145615 10837 \approx 4$
$r_{5,4} = 3.35266260009 61297 \approx 3$
$r_{5,7} = 5.00161057203 44409 \approx 5$
$r_{6,4} = 4.605012027899 969 \approx 5$
$r_{6,7} = 2.390711182552034 \approx 2$
$r_{7,5} = 3.59168255025 40672 \approx 4$
$r_{7,9} = 3.006981890032656 \approx 3$
$r_{9,1} = 2.675267750941 2166 \approx 3$

Rangfolge empfohlener Apps

u_1: $i_8, i_2', i_3, i_4, i_9, i_5, i_1', i_6', i_7$
u_2: $i_2, i_4, i_8, i_3', i_5, i_9, i_1, i_6, i_7$
u_3: $i_4, i_2, i_8', i_3, i_5', i_6, i_7, i_9, i_1$
u_4: $i_3, i_6, i_5, i_9, i_1, i_8, i_2, i_4, i_7$
u_5: $i_7, i_2, i_6, i_1, i_5, i_4, i_3, i_8, i_9$
u_6: $i_2, i_4, i_3, i_8, i_1, i_5, i_7, i_9, i_6$
u_7: $i_2, i_4, i_8, i_6, i_5', i_9, i_7, i_1, i_3$
u_8: $i_2, i_5, i_6, i_7, i_8, i_9, i_1, i_3, i_4$
u_9: $i_3, i_4, i_8, i_9, i_2, i_1, i_5, i_6, i_7$

Testreihe 3 (Schwellenwert 0.94)

Ähnlichkeitstabelle Benutzer

	u_1	u_2	u_3	u_4	u_5	u_6	u_7	u_8	u_9
u_1	1.0	0.62	0.28	0.19	-0.71	0.51	0.54	-0.18	0.61
u_2	0.62	1.0	0.93	-0.48	-0.06	0.85	0.83	-0.12	0.78
u_3	0.28	0.93	1.0	-0.36	0.07	0.69	0.71	-0.07	0.52
u_4	0.19	-0.48	-0.36	1.0	-0.13	-0.61	-0.4	-0.06	0.01
u_5	-0.71	-0.06	0.07	-0.13	1.0	-0.32	0.33	0.56	-0.83
u_6	0.51	0.85	0.69	-0.61	-0.32	1.0	0.18	-0.02	0.56
u_7	0.54	0.83	0.71	-0.4	0.33	0.18	1.0	0.43	0.01
u_8	-0.18	-0.12	-0.07	-0.06	0.56	-0.02	0.43	1.0	-0.88
u_9	0.61	0.78	0.52	0.01	-0.83	0.56	0.01	-0.88	1.0

Normalisierungsfaktoren

$k_1 = 0.273555729689473$
$k_2 = 0.214878522081972$
$k_3 = 0.275107673243877$
$k_4 = 0.449152825267262$
$k_5 = 0.333047074637545$
$k_6 = 0.267467958198844$
$k_7 = 0.291791460892616$
$k_8 = 0.430060919297477$
$k_9 = 0.238526358864952$

berechnete fehlende Ratings

$r_{1,1} = 2.449822632151 4704 \approx 2$
$r_{1,2} = 3.47219908512565 \approx 3$
$r_{1,5} = 2.602434170 77653 \approx 3$
$r_{1,6} = 1.99854553900549 \approx 2$
$r_{2,3} = 2.353356549824524 \approx 2$
$r_{3,5} = 2.203476795819844 \approx 2$
$r_{3,8} = 3.6791256476503 27 \approx 4$
$r_{5,4} = 3.508161774710 2642 \approx 4$
$r_{5,7} = 5.31794546290201 \approx 5$
$r_{5,9} = 3.515526140 8487495 \approx 4$
$r_{6,4} = 4.4927482117037 01 \approx 4$
$r_{6,7} = 2.331519446287 395 \approx 2$
$r_{7,5} = 3.576054620151709 \approx 4$
$r_{7,9} = 3.15212389087541 \approx 3$
$r_{9,1} = 2.712538055496394 \approx 3$
$r_{9,2} = 3.01599896604631 23 \approx 3$

Rangfolge empfohlener Apps

u_1: $i_8, i_2', i_3, i_4, i_9, i_5, i_1', i_6', i_7$
u_2: $i_2, i_4, i_8, i_3', i_5, i_9, i_1, i_6, i_7$
u_3: $i_4, i_2, i_3, i_5, i_9, i_1, i_8, i_2, i_4, i_7$
u_4: $i_3, i_6, i_5, i_9, i_1, i_8, i_2, i_4, i_7$
u_5: $i_7, i_2, i_6, i_1, i_5, i_4, i_3, i_8$
u_6: $i_2, i_4, i_3, i_8, i_6, i_5, i_7, i_1, i_6$
u_7: $i_2, i_4, i_8, i_6, i_5, i_7, i_9, i_1, i_3$
u_8: $i_2, i_5, i_6, i_7, i_8, i_9, i_1, i_3, i_4$
u_9: $i_3, i_4, i_8, i_9, i_2, i_1, i_5, i_6, i_7$

Weiter geht es auf der folgenden Seite

Tabelle 6: Testreihen zur Kontext-Aggregation

Testreihe 4

Schwellenwert	0.96
aktueller Kontext	Breite: 48.157956, Länge: 11.58697, BS: 1.5
%-Satz bek. Ratings	74%

Ähnlichkeitstabelle Benutzer

	u_1	u_2	u_3	u_4	u_5	u_6	u_7	u_8	u_9
u_1	1.0	0.0	-0.46	-0.18	-1.0	0.71	-1.0	0.77	0.0
u_2	0.0	1.0	0.93	-0.48	-0.13	0.78	0.8	-0.12	0.66
u_3	-0.46	0.93	1.0	-0.36	0.07	0.79	0.74	-0.07	0.44
u_4	-0.18	-0.48	-0.36	1.0	-0.13	-0.49	-0.4	-0.06	-0.29
u_5	-1.0	-0.13	0.07	-0.13	1.0	0.16	0.76	0.56	-0.76
u_6	0.71	0.78	0.79	-0.49	0.16	1.0	0.52	0.4	0.22
u_7	-1.0	0.8	0.74	-0.4	0.76	0.52	1.0	0.39	-0.4
u_8	0.77	-0.12	-0.07	-0.06	0.56	0.4	0.39	1.0	-0.85
u_9	0.0	0.66	0.44	-0.29	-0.76	0.22	-0.4	-0.85	1.0

Normalisierungsfaktoren

$k_1 = 0.2428000799957895$
$k_2 = 0.2612859783751194$
$k_3 = 0.2591345434173246$
$k_4 = 0.422033517177551$
$k_5 = 0.2858566690579396$
$k_6 = 0.246270938280731$
$k_7 = 0.1991174024343421$
$k_8 = 0.310055723648718$
$k_9 = 0.276920351240618$

berechnete fehlende Ratings

$r_{1,1} = 3.756595230197417 \approx 4$
$r_{1,2} = 3.581328750155801 \approx 4$
$r_{1,3} = 3.8160912156761935 \approx 4$
$r_{1,5} = 3.8601397514476554 \approx 4$
$r_{1,6} = 3.61903191751025 \approx 4$
$r_{1,7} = 4.277522486327258 \approx 4$
$r_{2,3} = 2.226408387054827 \approx 2$
$r_{3,5} = 2.1192422247499145 \approx 2$
$r_{3,8} = 2.9692683848484388 \approx 3$
$r_{5,4} = 4.065050467743072 \approx 4$
$r_{5,7} = 4.148912214889781 \approx 4$
$r_{5,9} = 3.6902542507016265 \approx 4$
$r_{6,4} = 4.395433279027401 \approx 4$
$r_{6,6} = 3.074566310926979 \approx 3$
$r_{6,7} = 3.502613847068584 \approx 4$
$r_{7,5} = 3.4523164102087 \approx 3$
$r_{7,8} = 3.3530211017564806 \approx 3$
$r_{7,9} = 3.072171529822209 \approx 3$
$r_{9,1} = 3.452560150066167 \approx 3$
$r_{9,2} = 3.0770607371143566 \approx 3$
$r_{9,7} = 2.661425081805564 \approx 3$

Rangfolge empfohlener Apps

$u_1: i_8, i_7, i_5, i_3, i_1, i_6, i_2, i_4, i_9$
$u_2: i_2, i_4, i_8, i_3, i_5, i_9, i_1, i_6, i_7$
$u_3: i_4, i_2, i_3, i_8, i_5, i_6, i_7, i_9, i_1$
$u_4: i_3, i_6, i_5, i_9, i_1, i_8, i_2, i_4, i_7$
$u_5: i_2, i_6, i_7, i_4, i_1, i_5, i_9, i_3, i_8$
$u_6: i_2, i_4, i_3, i_8, i_7, i_6, i_1, i_5, i_9$
$u_7: i_2, i_4, i_6, i_5, i_8, i_9, i_7, i_1, i_3$
$u_8: i_2, i_5, i_6, i_7, i_8, i_9, i_1, i_3, i_4$
$u_9: i_3, i_4, i_8, i_9, i_1, i_2, i_7, i_5, i_6$

Testreihe 5

Schwellenwert	0.98
aktueller Kontext	Breite: 48.157956, Länge: 11.58697, BS: 1.5
%-Satz bek. Ratings	69%

Ähnlichkeitstabelle Benutzer

	u_1	u_2	u_3	u_4	u_5	u_6	u_7	u_8	u_9
u_1	1.0	-0.07	-0.46	-0.19	-1.0	0.71	-1.0	0.83	0.0
u_2	-0.07	1.0	0.94	-0.49	-0.06	0.94	0.84	-0.12	0.73
u_3	-0.46	0.94	1.0	-0.47	0.07	0.79	0.91	-0.08	0.44
u_4	-0.19	-0.49	-0.47	1.0	0.26	-0.85	-0.11	0.05	-0.74
u_5	-1.0	-0.06	0.07	0.26	1.0	0.16	0.46	0.61	-0.76
u_6	0.71	0.94	0.79	-0.85	0.16	1.0	0.79	0.58	0.22
u_7	-1.0	0.84	0.91	-0.11	0.46	0.79	1.0	0.21	0.2
u_8	0.83	-0.12	-0.08	0.05	0.61	0.58	0.21	1.0	-0.81
u_9	0.0	0.73	0.44	-0.74	-0.76	0.22	0.2	-0.81	1.0

Normalisierungsfaktoren

$k_1 = 0.2347105779479672$
$k_2 = 0.2388483343338292$
$k_3 = 0.240611867384513$
$k_4 = 0.316850367869893$
$k_5 = 0.29612780549472$
$k_6 = 0.198510377707223$
$k_7 = 0.222015153471887$
$k_8 = 0.303938079983709$
$k_9 = 0.2568939746966603$

berechnete fehlende Ratings

$r_{1,1} = 3.84422123035746 \approx 4$
$r_{1,2} = 3.6886768196463677 \approx 4$
$r_{1,3} = 3.5620592823104884 \approx 4$
$r_{1,5} = 3.52234984567871 \approx 4$
$r_{1,6} = 3.7648383943024384 \approx 4$
$r_{1,7} = 4.410120832116806 \approx 4$
$r_{2,3} = 2.847288916333112 \approx 3$
$r_{2,9} = 1.7970265578140627 \approx 2$
$r_{3,5} = 2.1189865124592355 \approx 2$
$r_{3,8} = 2.9301211830843514 \approx 3$
$r_{4,3} = 1.6478211784299273 \approx 2$
$r_{5,4} = 3.7147482539580383 \approx 4$
$r_{5,7} = 4.046456235498167 \approx 4$
$r_{5,9} = 3.8636321546703147 \approx 4$
$r_{6,4} = 4.329579518021667 \approx 4$
$r_{6,6} = 2.97307951775139 \approx 3$
$r_{6,7} = 3.55456766607591 \approx 4$
$r_{7,3} = 3.905088294148052 \approx 4$
$r_{7,5} = 3.3094678956814922 \approx 3$
$r_{7,8} = 3.77559600134533 \approx 4$
$r_{7,9} = 3.4441890465877103 \approx 3$
$r_{8,5} = 3.5315218595903746 \approx 4$
$r_{9,1} = 3.1247271469290196 \approx 3$
$r_{9,2} = 3.4488072101462515 \approx 3$
$r_{9,7} = 2.7004643958581025 \approx 3$

Rangfolge empfohlener Apps

$u_1: i_8, i_7, i_1, i_6, i_2, i_3, i_5, i_4, i_9$
$u_2: i_2, i_4, i_8, i_3, i_5, i_9, i_6, i_7, i_1$
$u_3: i_4, i_2, i_3, i_8, i_5, i_6, i_7, i_9, i_1$
$u_4: i_6, i_5, i_9, i_1, i_8, i_3, i_2, i_4, i_7$
$u_5: i_2, i_6, i_7, i_1, i_5, i_4, i_3, i_8, i_9$
$u_6: i_2, i_4, i_3, i_8, i_7, i_5, i_6, i_9$
$u_7: i_2, i_4, i_6, i_3, i_8, i_9, i_5, i_7, i_1$
$u_8: i_2, i_6, i_7, i_8, i_5, i_9, i_1, i_3, i_4$
$u_9: i_3, i_4, i_8, i_9, i_2, i_7, i_1, i_5, i_6$

Die grau markierte Zellen in Spalte 5 (Ähnlichkeitstabelle Benutzer) der Tabelle 6 bei Testreihe 1 verweisen auf die detaillierte Erläuterung der Berechnung zur Benutzer-Ähnlichkeit (zwischen User 1 und User 2) unter Punkt 6 in Kapitel 3.4.3. Ebenso verweist die graue Markierung in Spalte 6 (Normalisierungsfaktoren) auf das Rechenbeispiel zum Normalisierungsfaktor für User 1 bei einem Schwellenwert von 0.90 (vgl. Punkt 7 in Kapitel 3.4.3).

Die Berechnung des unbekannten Ratings von User 1 für App 2 (= graue Markierung bei Testreihe 1 in Spalte 7 – berechnete fehlende Ratings) kann unter Punkt 8 in Kapitel 3.4.3 detailliert nachvollzogen werden. Die Werte in den Spalten 6 (Normalisierungsfaktoren), 7 (berechnete fehlende Ratings) und 8 (Rangfolge empfohlener Apps) der Testreihe 1 sind auch in den Abbildungen 49, 51 bzw. 53 wieder zu finden.

4.3 AUSWERTUNG DER ERGEBNISSE

Dieses Unterkapitel ist zweigeteilt: zuerst wird – exemplarisch anhand von Testreihe 1 und Testreihe 2 – erläutert, ob und ggfs. wie es dazu kommen kann, dass bei engerer Fassung der Kontext-Ähnlichkeit (Schwellenwert: 0.90 → 0.92) den jeweiligen Usern andere Apps empfohlen werden (siehe App-Empfehlungs-Rangfolge, Spalte 8 in Tabelle 6). Abschließend wird noch eine allgemeine Zusammenfassung der Versuchsreihen gegeben.

Detailanalyse: Testreihe 1 → Testreihe 2
Die erste schrittweise Veränderung des Schwellenwertes von 0,90 (Testreihe 1) auf 0,92 (Testreihe 2) führt dazu, dass davon ausgegangen wird, dass die ursprünglich bekannten Bewertungen von User 2 für App 3 ($r_{2,3} = 5$) bzw. von User 3 für App 8 ($r_{3,8} = 3$) in einem anderen Kontext abgegeben wurden (die Ähnlichkeit zum aktuellen Kontext liegt in beiden Fällen unter 0,92) und demzufolge nach der Slice-Operation nicht mehr für die Berechnung von Empfehlungen herangezogen werden dürfen.

Dies äußert sich logischerweise dann auch im Prozentsatz der bekannten Ratings (Spalte 4 von Tabelle 6) in der Tabelle *bewertungsmatrix_kontext*. Durch den Wegfall der beiden erwähnten Ratings sinkt dieser Wert von 85% auf 83%. Die neuberechnete Ähnlichkeitstabelle für Testreihe 2 ähnelt im Großen und Ganzen der von Testreihe 1 (Spalte 5). Leichte Änderungen sind lediglich bei den berechneten Ähnlichkeiten der Benutzer u_2 und u_8 zu anderen Nutzern zu erkennen (siehe gelbliche Markierungen bei Testreihe 2 in Spalte 5 von Tabelle 6). Zu geringen Änderungen (im Hundertstel- bzw. Zehntel-Bereich) führt der neue Schwellenwert auch bei den vom Programm neu errechneten Normalisierungsfaktoren (Spalte 6).

Bei der Berechnung der fehlenden Ratings müssen nun zwei Rechnungen mehr durchgeführt werden als noch bei Testreihe 1. Für den aktuellen Kontext und den enger gefassten Kontext-Ähnlichkeitswert von 0,92 wird errechnet, dass App 3 dem User 2 nur noch einen Nutzen von 2 (statt 5 wie ursprünglich in Testreihe 1) bringt. Demzufolge kann App 3 für User 2 nicht mehr die Top-Empfehlung sein. Dagegen rückt App 8 bei User 3 mit dem neu bestimmten Nutzenwert von 4 (statt 3) um eine Position nach vorne (siehe gelbe Markierungen in Spalte 8 bei Testreihe 2).

Für die Ratings $r_{1,5}$ und $r_{7,5}$ ergab die Nutzenwert-Bestimmung (siehe gelbe Markierung in Spalte 7) mit der neuen (verkleinerten) Datenbasis (Tabelle *bewertungsmatrix_kontext*) zwar jeweils einen neuen höheren Wert ($r_{1,5} = 3$ statt 2 bzw. $r_{7,5} = 4$ statt 3), allerdings konnte App 5 damit weder bei User 1 noch bei User 7 eine neue Position in der Empfehlungs-Rangfolge erkämpfen. Andere Apps bringen Nutzer 1 bzw. 7 weiterhin höheren Nutzen.

Eine weitere Änderung gegenüber Testreihe 1 ist der Positionstausch von App 7 und 9 bei User 7. In Testreihe 1 erbrachte App 7 für User 7 einen Nutzen von 3 (siehe Tabelle 5). Für App 9 wurde in dieser Konstellation (Schwellenwert 0.90) ein Nutzenwert von 2.875592573070878 (gerundet 3) ermittelt. Demnach wird App 7 vor App 9 hier für User 7 empfohlen (2.875592573070878 < 3.0).

In Testreihe 2 bleibt es bei App 7 und User 7 bei einem Nutzen von 3.0, da der Kontext dieser (bekannten) Bewertung nahezu identisch mit dem aktuellen Kontext ist (Ähnlichkeitswert Kontext für $r_{7,7} = 0.992986581161917$). Für App 9 wurde hier (Schwellenwert 0.92) dagegen ein Nutzenwert von 3.006981890032656 (gerundet ebenfalls 3) ermittelt. Da die Sortierung auf den ungerundeten Dezimalwerten (3.006981890032656 > 3.0) basiert, wird hier für User 7 App 9 noch vor App 7 empfohlen (siehe orange Markierungen in Spalte 8 bei Testreihe 2).

ZUSAMMENFASSUNG
Wie man sieht, ändern sich durch die Erhöhung des Schwellenwertes der Kontext-Ähnlichkeit in jeder Testreihe auch die gegebenen Empfehlungen pro User (Rangfolge: Spalte 8 in Tabelle 6). Dies liegt größtenteils daran, dass die nach der Slice-Operation wieder zwei-dimensionale Bewertungsmatrix – je höher der Schwellenwert wird – weniger bekannte Ratings beinhaltet. D.h., die Datenbasis (Tabelle *bewertungsmatrix_kontext*) für die Empfehlungsberechnungen wird geringer.

Es kann also durchaus vorkommen, dass ein und dasselbe Rating in einer Testreihe in der Datenbasis berücksichtigt wird, in einer anderen allerdings nicht mehr (siehe Haken Spalte 9 - 13 in Tabelle 5). Dies liegt daran, dass die Kontext-Situationen der wegfallenden Bewertungen nicht mehr ähnlich genug zur aktuellen Kontext-Situation sind, abhängig natürlich vom angegebenen Schwellenwert der jeweiligen Testreihe.

Da die ursprüngliche Bewertungsmatrix (Tabelle 5) in diesem Prototypen lediglich 81 Test-Ratings ($= 9$ User $* 9$ Apps) enthielt, fiel die angesprochene Reduzierung der Datenbasis relativ stark ins Gewicht. Wie die Statistiken aus Tabelle 3 in Kapitel 3.2.1 belegen, gibt es in einem echten SwSmP sicherlich weit mehr als nur neun Benutzer. Auch die Zahl der angebotenen Produkte in einem solchen Shop ist weit höher als neun (z.T. werden ja bereits mehr als 100.000 Apps in einem SwSmP angeboten). Daher kann davon ausgegangen werden, dass in der Praxis deutlich mehr Ratings vorliegen und somit die Datenbasis auch größer ist.

Ein echter Massentest ist mit dem hier entwickelten und vorgestellten Prototypen – aufgrund der geringen Datenbasis – natürlich noch nicht möglich. Dies liegt vor allem daran, dass beim Prototypen sowohl die Datenhaltung (Kapitel 3.4.1) als auch die Rechenschritte (Kapitel 3.4.3) dezentral auf dem Endgerät erfolgen. Ein Programmlauf mit zehntausenden von Testdaten würde in vorliegenden Realisierung unweigerlich schnell die Kapazitätsgrenzen des ausführenden Mobiltelefons (vgl. Randbedingungen für mobile Applikationen, Kapitel 2.1.5) sprengen. Mögliche Verbesserungsvorschläge sollen im nun folgenden Abschluss-Kapitel skizziert werden.

Teil V

ABSCHLIESSENDE BETRACHTUNGEN

ZUSAMMENFASSUNG UND AUSBLICK

Zusammenfassend sollen im Folgenden einige konzeptionelle (Kapitel 5.1) und technische (Kapitel 5.2) Anmerkungen zu der in der vorliegenden Thesis entwickelten App (Kapitel 3) sowie zu den anschließenden Testreihen (Kapitel 4) präsentiert werden. Dazu kommt eine Bewertung der Zukunftsaussichten der vorgestellten Thematik in Kapitel 5.3.

5.1 SCHLUSSBEMERKUNGEN ZUR KONZEPTION

Ein klarer Vorteil des in Kapitel 3.1 vorgestellten Konzepts zur Kontext-Integration in eine Recommender Komponente ist die Tatsache, dass bereits bewährte Algorithmen (Kapitel 2.2.4) verwendet werden können. Allerdings lässt sich dann ein erhöhter Speicherbedarf nicht vermeiden. Wie der entwickelte Prototyp (Kapitel 3.4) zeigt, muss zu jeder Bewertung nicht nur das Produkt und der User festgehalten werden, sondern auch noch die Kontext-Situation, unter der das Rating abgegeben wurde (Tabellen *bewertungsmatrix_kontext* bzw. *kontextsituationen* in Kapitel 3.4.1). Gerade beim Einsatz in einem SwSmP mit seinen z.T. mehr als 100.000 Apps (Kapitel 3.2.1) und den noch deutlich darüber liegenden Besucherzahlen bedeutet dies einen erheblichen Rechenaufwand.

Im Rahmen mehrerer Versuchsreihen (Kapitel 4) wurde deutlich, dass die Festlegung eines praktikablen Schwellenwertes zur Kontext-Ähnlichkeit für das vorgestellte Konzept von elementarer Bedeutung ist. So könnte beispielsweise ein zu niedrig gewählter Prozentwert dazu führen, dass durch die Slice-Operation (Kapitel 3.1.1 bzw. Punkt 5 in Kapitel 3.4.3) zu viele Ratings gelöscht bzw. nicht mehr berücksichtigt werden. Das reduzierte Modell (Kapitel 3.1.2 bzw. modellbasierter CF-Ansatz aus Kapitel 2.2.4.2) bietet dann keine geeignete Grundlage mehr für eine sinnvolle rechnerische Bewertungsprognose. Auch wenn diese Gefahr bei einem SwSmP mit mehr als 100.000 Apps und entsprechend vielen Ratings relativ gering sein sollte, ist es ratsam, im Vorhinein mit dem Schwellenwert zu experimentieren und die dadurch erzeugten Empfehlungen zu plausibilisieren.

Wie bereits zu Anfang von Kapitel 3.4.3 erwähnt, basiert der erstellte Prototyp auf einem hybriden Recommendersystem (Kapitel 2.2.4.6). Dazu ist anzumerken, dass die dabei gewählte Kombination der Grund-Typen (Kapitel 2.2.4) bzw. die verwendeten Algorithmen rein exemplarisch ist. Selbstverständlich können auch andere Verfahren kombiniert werden, die möglicherweise sogar bessere Prognose-Ergebnisse liefern.

5.2 SCHLUSSBEMERKUNGEN ZUR TECHNISCHEN REALISIERUNG

Grundsätzlich ist zur Ausgestaltung des hier vorgestellten App-Prototypen (Kapitel 3.4.3) zu sagen, dass er in der aktuellen Form weniger auf den späteren SwSmP-Kunden als auf einen Entwickler bzw. versierten Key-User ausgerichtet ist. Von Anfang an stand bei der Programmierung der App die spätere Durchführung von

Versuchsreihen zur Kontext-Ähnlichkeit (Kapitel 4) im Vordergrund. Zu erkennen ist dies beispielsweise daran, dass einem Endnutzer natürlich nicht die Eingabemaske für den Kontext-Schwellenwert (Abbildung 40) präsentiert werden kann. So wurde in diesem Stadium auch auf eine optische bzw. grafische Feingestaltung (z.B. durch Bilder oder Animationseffekte) verzichtet.

Zur Reduzierung des Rechenaufwands und zur Erhöhung der Performance bei dem der App zugrundeliegenden CF-Ansatz (Kapitel 2.2.4.2) empfiehlt Runte (2000, S. 20), die Gewichtungs- bzw. Ähnlichkeitsmaße (*„Proximitätsberechnung"* bzw. *„Auswahl von Mentoren"* in Abbildung 20) automatisiert im Voraus für alle SwSmP-User zu berechnen und in einer Ähnlichkeitstabelle (Abbildung 47) festzuhalten.

Für die Bestimmung von Nutzer-Ähnlichkeiten erscheint dies praktikabel und könnte den Prototypen in einem nächsten Schritt weiter verbessern. Ähnlichkeiten zwischen Kontext-Situationen (Schritt 4 bzw. 5 aus Kapitel 3.4.3) lassen sich dagegen nicht im Voraus berechnen. Dies ist der Tatsache des ständig wechselnden mobilen Umfeldes geschuldet. Für diese und andere rechenintensive Konstellationen könnten alternativ die Ähnlichkeits-Berechnungen auch auf mehrere externe Rechner ausgelagert und parallel durchgeführt werden – z.B. mit Hilfe des so genannten MapReduce Framework von Google (vgl. Dean und Ghemawat 0612). Dies hätte dann zur Folge, dass der Prototyp gemäß Kapitel 2.1.5 zukünftig als WAN-Anwendung klassifiziert werden würde.

Ebenso erscheint eine wie in Kapitel 2.2.3 bereits angedeutete Auslagerung zentraler Tabellen (z.B. *bewertungsmatrix* bzw. *bewertungsmatrix_kontext, kontextsituationen, appprofile* etc.) auf einen externen Server sinnvoll (vgl. Klassifizierung mobiler Anwendungen in Kapitel 2.1.5: WAN-Anwendung). Im vorgestellten Prototypmodell wurden diese jedoch – zur besseren Nachvollziehbarkeit – dezentral auf dem jeweiligen Smartphone gespeichert (= Stand-Alone-Anwendung). Dieses Vorgehen würde im Praxisfall aber eine komplizierte Synchronisation nach sich ziehen (= Anwendung mit Synchronisations-Software), da auf die zentralen SwSmP-Tabellen von viele mobilen Clients zugegriffen werden muss.

5.3 AUSBLICK

Kontextbezogenen Systemen – wie sie in dieser Master-Arbeit in Form eines CaRS in einem SwSmP vorgestellt wurden (Kapitel 3) – werden gute Zukunftsaussichten eingeräumt. *„Die Möglichkeiten sind so großartig, dass die Menschen sie werden haben wollen"*, bestätigt Intels Vize-Präsident und Chef-Technologe Justin Rattner (siehe Cloer 1609).

Rattner glaubt, dass zukünftige kontextadaptive Forschungsprojekte weit über herkömmliche Sensorik hinaus gehen werden. Um den kontextsensitiven Diensten mobiler Geräte mehr Informationen über den Nutzer zur Verfügung stellen zu können, müssten die Daten vieler Sensoren (Kapitel 2.3.3) miteinander verknüpft werden. So können in absehbarer Zeit *„harte"* Sensor-Informationen (wie in dieser Thesis z.B. Angaben über Standort und Betriebssystem, Punkt 2 in Kapitel 3.4.3) mit *„weichen"* Sensor-Informationen (wie etwa soziale Netzwerke, vgl. die in in Kapitel 1.1 erwähnte Arbeit von Wörndl und Groh (2007)) ergänzt bzw. kombiniert werden, um den Empfehlungsprozess weiter zu verbessern.

Gute Entwicklungschancen sehen Experten auch bei einem möglicherweise von Amazon initiierten SwSmP – wie eingangs in Kapitel 1 bereits angesprochen. Die Symbiose aus dem bekannten Amazon-Erfolgsmodell und der aufstrebenden Android-Plattform (Kapitel 2.1.4.4 bzw. 3.2) gilt dabei als sehr vielversprechend (vgl. Dawson 0810). Die Erfolgsfaktoren aus der Amazon-Welt – wie z.B. gute Content-Filter bzw. -Empfehlungen mittels erprobter RCS-Algorithmen oder gute Payment-Konzepte – könnten den neuen App Store bereichern. Der in Kapitel 3.1.2 vorgestellte multidimensional-reduzierende Ansatz bietet dabei gute Anwendungsmöglichkeiten, um in Zukunft – trotz Kontext-Integration – die Wieder- bzw. Weiterverwendung dieser Erfolgsfaktoren sicherzustellen.

LITERATURVERZEICHNIS

ABOWD ET AL. 1999
ABOWD, Gregory D. ; DEY, Anind K. ; BROWN, Peter J. ; DAVIES, Nigel ; SMITH, Mark ; STEGGLES, Peter: Towards a Better Understanding of Context and Context-Awareness. In: GELLERSEN, Hans-Werner (Hrsg.): *Handheld and Ubiquitous Computing, First International Symposium, HUC'99, Karlsruhe, Germany, September 27-29, 1999, Proceedings* Bd. 1707. Springer, 1999, S. 304–307

ADMOB, INC. 1004
ADMOB, INC. (Hrsg.): *AdMob Mobile Metrics Report*. Version: 10.04.2010. http://metrics.admob.com/wp-content/uploads/2010/05/AdMob-Mobile-Metrics-Apr-10.pdf, Abruf: 19.11.2010

ADOMAVICIUS ET AL. 2005
ADOMAVICIUS, Gediminas ; SANKARANARAYANAN, Ramesh ; SEN, Shahana ; TUZHILIN, Alexander: Incorporating contextual information in recommender systems using a multidimensional approach. In: *ACM Transactions on Information Systems* 23 (2005), Nr. 1, S. 103–145

ADOMAVICIUS UND TUZHILIN 2005
ADOMAVICIUS, Gediminas ; TUZHILIN, Alexander: Toward the next generation of recommender systems: a survey of the state-of-the-art and possible extensions. In: *IEEE Transactions on Knowledge and Data Engineering* 17 (2005), Nr. 6, S. 734–749

ADOMAVICIUS UND TUZHILIN 2008
ADOMAVICIUS, Gediminas ; TUZHILIN, Alexander: Conference tutorial: Context-Aware Recommender Systems. In: *2nd ACM International Conference on Recommender Systems (RecSys 2008)*. Lausanne : The Association for Computing Machinery, Inc., Oktober 2008

ALBY 2008
ALBY, Tom: *Das mobile Web*. München [u.a.] : Hanser, 2008

ALPAR 2000
ALPAR, Paul: *Data mining im praktischen Einsatz*. Braunschweig/Wiesbaden : Vieweg+Teubner Verlag, 2000

APPLE.INC 2010
APPLE.INC (Hrsg.): *Apple - iPod touch - Entdecke Apps im App Store mit Genius*. Version: 2010. http://www.apple.com/de/ipodtouch/features/app-store.html, Abruf: 15.01.2010

AUTOR 0308
AUTOR, unbekannt ; IDG BUSINESS MEDIA GMBH (Hrsg.): *Android-Invasion: Google-Handys vor dem Durchbruch*. Version: 03.08.2010. http://www.computerwoche.de/netzwerke/mobile-wireless/2350586/, Abruf: 03.08.2010

AUTOR 0908

    AUTOR, unbekannt ; IDG BUSINESS MEDIA GMBH (Hrsg.): *Smartphone-Apps: iPhone und Android konkurrenzlos.* Version: 09.08.2010. http://www.computerwoche.de/netzwerke/mobile-wireless/2350840/, Abruf: 09.08.2010

AUTOR 0909

    AUTOR, unbekannt ; IDG BUSINESS MEDIA GMBH (Hrsg.): *Studie von Piper Jaffray: Android wird den Smartphone-Markt dominieren.* Version: 09.09.2010. http://www.computerwoche.de/netzwerke/mobile-wireless/2353249/, Abruf: 09.09.2010

AUTOR 2009A

    AUTOR, unbekannt ; DATACOM BUCHVERLAG GMBH (Hrsg.): *ESMR (enhanced specialized mobile radio).* Version: 2009. http://www.itwissen.info/definition/lexikon/enhanced-specialized-mobile-radio-ESMR.html, Abruf: 12.12.2009

AUTOR 2009B

    AUTOR, unbekannt ; DEUTSCHE BAHN AG (Hrsg.): *Touch&Travel - einfach einsteigen und losfahren.* Version: 2009. http://www.touchandtravel.de/site/touchandtravel/de/start.html, Abruf: 14.12.2009

AUTOR 2010A

    AUTOR, unbekannt ; T-MOBILE DEUTSCHLAND GMBH (Hrsg.): *Funkversorgung im Inland.* Version: 2010. http://www.t-mobile.de/funkversorgung, Abruf: 17.11.2010

AUTOR 2010B

    AUTOR, unbekannt ; GOOGLE INC. (Hrsg.): *Google mobile: Nutzen Sie Google Maps überall und jederzeit.* Version: 2010. http://www.google.com/intl/de/mobile/gmm/index.html, Abruf: 05.01.2010

AUTOR 2312

    AUTOR, unbekannt ; WIKIMEDIA FOUNDATION INC. (Hrsg.): *Mobilfunkstandards.* Version: 23.12.2008. http://de.wikipedia.org/w/index.php?title=Mobilfunkstandard&oldid=54457740, Abruf: 02.12.2009

AUTOR 2610

    AUTOR, unbekannt ; IDG BUSINESS MEDIA GMBH (Hrsg.): *Wichtiger Meilenstein geknackt - Android Market durchbricht 100.000-App-Marke.* Version: 26.10.2010. http://www.computerwoche.de/netzwerke/mobile-wireless/2356227/, Abruf: 26.10.2010

BASLER 1994

    BASLER, Herbert: *Grundbegriffe der Wahrscheinlichkeitsrechnung und Statistischen Methodenlehre.* Heidelberg : Physica-Verlag, 1994

BECKER UND PANT 2009

    BECKER, Arno ; PANT, Marcus: *Android: Grundlagen und Programmierung.* 1. Aufl. Heidelberg : dpunkt-Verlag, 2009

BENNETT 2010

    BENNETT, Harald Jeffrey; L. Jeffrey; Lesch: *Astronomie: die kosmische Perspektive.* 5., aktualisierte Auflage. München : Pearson Studium, 2010

BIEH 2008

Bieh, Manuel: *Mobiles Webdesign: Konzeption, Gestaltung, Entwicklung.* 1. Aufl. Bonn : Galileo Press, 2008

BODENDORF 2006

Bodendorf, Freimut: *Daten- und Wissensmanagement.* 2., aktualisierte und erw. Aufl. Berlin : Springer, 2006

BÖHM ET AL. 2008

Böhm, Andreas ; Murtz, Bernhard ; Sommer, Carsten ; Wermuth, Manfred: Location-based ticketing in public transport. In: Welfens, Ellen Paul J. J.; Walther-Klaus (Hrsg.): *Digital Excellence: University Meets Economy.* Berlin, Heidelberg : Springer-Verlag, 2008, S. 67–76

BÖHMER ET AL. 2609

Böhmer, Matthias ; Bauer Gernot ; Krüger, Antonio: Exploring the Design Space of Context-aware Recommender Systems that Suggest Mobile Applications. In: *2nd Workshop on Context-Aware Recommender Systems (CARS-2010).* Barcelona : ACM, 26.09.2010

BOOCH ET AL. 2006

Booch, Grady ; Rumbaugh, James ; Jacobson, Ivar: *Das UML-Benutzerhandbuch.* München, Boston : Addison-Wesley, 2006

BORCHERS ET AL. 1998

Borchers, Al ; Herlocker, Jon ; Konstan, Joseph ; Riedl, John: Ganging up on information overload. In: *Computer* 31 (1998), Nr. 4, S. 106–108

BREESE ET AL. 1998

Breese, John S. ; Heckerman, David ; Myers Kadie, Carl: Empirical Analysis of Predictive Algorithms for Collaborative Filtering. In: Cooper, Gregory F. (Hrsg.) ; Moral, Serafin (Hrsg.): *UAI '98: Proceedings of the Fourteenth Conference on Uncertainty in Artificial Intelligence, July 24-26, 1998, University of Wisconsin Business School, Madison, Wisconsin, USA.* Morgan Kaufmann, 1998, S. 43–52

BREMMER 1211

Bremmer, Manfred ; IDG Business Media GmbH (Hrsg.): *Evolution ja, Revolution nein: LTE – die Zukunft des Mobilfunks?* Version: 12.11.2009. http://www. computerwoche.de/netzwerke/mobile-wireless/1907548/, Abruf: 23.12.2009

BREYMANN UND MOSEMANN 2008

Breymann, Ulrich ; Mosemann, Heiko: *Java ME: Anwendungsentwicklung für Handys, PDA und Co.* 2. aktualisierte und erw. Aufl. München [u.a.] : Hanser, 2008

BROCCO ET AL. 2008

Brocco, Michele ; Eigner, Robert ; Wörndl, Wolfgang: Ein hybrides, kontextsensitives Recommender System für mobile Anwendungen in vernetzten Fahrzeugen. In: Bichler, Martin (Hrsg.) ; Hess, Thomas (Hrsg.) ; Krcmar, Helmut (Hrsg.) ; Lechner, Ulrike (Hrsg.) ; Matthes, Florian (Hrsg.) ; Picot, Arnold (Hrsg.) ; Speitkamp, Benjamin (Hrsg.) ; Wolf, Petra (Hrsg.): *Multikonferenz Wirtschaftsinformatik, MKWI 2008, München, 26.2.2008 - 28.2.2008, Proceedings.* Berlin : GITO-Verlag, 2008, S. 65–76

BRONSTEIN ET AL. 2008

BRONSTEIN, Ilja N. ; SEMENDJAJEW, K. A. ; MUSIOL, Gerhard: *Taschenbuch der Mathematik.* 7. vollst. überarbeitete Auflage. Frankfurt am Main : Wissenschaftlicher Verlag Harri Deutsch GmbH, 2008

BRÜGGE 2004

BRÜGGE, Bernd: *Open-Source-Software; eine ökonomische und technische Analyse.* Berlin [u.a.] : Springer, 2004

BURKE 2001

BURKE, Robin: Knowledge-based recommender systems. In: KENT, Allen (Hrsg.): *Encyclopedia of Library and Information Systems* Bd. 69. New York, NY : Dekker, 2001, S. 180–201

BURKE 2002

BURKE, Robin: Hybrid Recommender Systems: Survey and Experiments. In: *User Modeling and User-Adapted Interaction* 12 (2002), Nr. 4, S. 331–370

BURKE 2007

BURKE, Robin: Hybrid Web Recommender Systems. In: BRUSILOVSKY, Peter (Hrsg.) ; KOBSA, Alfred (Hrsg.) ; NEJDL, Wolfgang (Hrsg.): *The Adaptive Web* Bd. 4321. Berlin, Heidelberg : Springer, 2007, S. 377–408

BUSE 2008A

BUSE, Rajnish Stephan; T. Stephan; Tiwari: Grundlagen des Mobile Commerce. In: BUSE, Tiwari Stephan; R. Stephan; Rajnish (Hrsg.): *Perspektiven des Mobile Commerce in Deutschland: Grundlagen, Strategien, Kundenakzeptanz, Erfolgsfaktoren.* Aachen : Shaker-Verlag, 2008, S. 19–115

BUSE 2008B

BUSE, Tiwari Stephan; R. Stephan; Rajnish (Hrsg.): *Perspektiven des Mobile Commerce in Deutschland: Grundlagen, Strategien, Kundenakzeptanz, Erfolgsfaktoren.* Aachen : Shaker-Verlag, 2008

CAPELL 0406

CAPELL, Kerry ; BUSINESSWEEK ONLINE (Hrsg.): *Sony Ericsson Joins the App Store Crowd.* Version: 04.06.2009. http://www.businessweek.com/globalbiz/content/jun2009/gb2009063_319267.htm, Abruf: 22.10.2009

CAPELL 1305

CAPELL, Kerry ; BUSINESSWEEK ONLINE (Hrsg.): *Vodafone Announces App Store.* Version: 13.05.2009. http://www.businessweek.com/globalbiz/content/may2009/gb20090512_965232.htm, Abruf: 22.10.2009

CHIP XONIO ONLINE GMBH 2406

CHIP XONIO ONLINE GMBH (Hrsg.): *Aldi Talk: Internet-Flatrate für 15 Euro.* Version: 24.06.2009. http://www.chip.de/news/Aldi-Talk-Internet-Flatrate-fuer-15-Euro_37023215.html, Abruf: 07.01.2010

CHIP XONIO ONLINE GMBH 2809

CHIP XONIO ONLINE GMBH (Hrsg.): *Zwei Milliarden: App Store mit Download-Rekord.* Version: 28.09.2009. http://www.chip.de/news/Zwei-Milliarden-App-Store-mit-Download-Rekord_38226077.html, Abruf: 15.10.2009

CLOER 0608

    CLOER, Thomas ; IDG BUSINESS MEDIA GMBH (Hrsg.): *iSuppli und IDC: Android-Smartphones rücken iPhone auf die Pelle.* Version: 06.08.2010. http://www. computerwoche.de/netzwerke/mobile-wireless/2350806/, Abruf: 06.08.2010

CLOER 1208

    CLOER, Thomas ; IDG BUSINESS MEDIA GMBH (Hrsg.): *Gartner: Android hängt Apple im Smartphone-Markt ab.* Version: 12.08.2010. http://www.computerwoche. de/netzwerke/mobile-wireless/2351255/, Abruf: 12.08.2010

CLOER 1609

    CLOER, Thomas ; IDG BUSINESS MEDIA GMBH (Hrsg.): *Kontextbezogene Systeme: Intels Zukunftsvision.* Version: 16.09.2010. http://www.computerwoche.de/ netzwerke/mobile-wireless/2353666/, Abruf: 07.11.2010

COMPUTERBILD ONLINE DIENSTLEISTUNGS-GMBH 0207

    COMPUTERBILD ONLINE DIENSTLEISTUNGS-GMBH (Hrsg.): *Apple iOS 4: Das bringt das neue iPhone-Betriebssystem.* Version: 02.07.2010. http: //www.computerbild.de/artikel/cb-Test-Handy-Apple-Betriebssystem-Firmware-iOS4-5192562.html, Abruf: 19.11.2010

DAMASCHKE 2010

    DAMASCHKE, Giesbert: *iPhone 3G S.* 1. Aufl. München : Markt-&-Technik-Verlag, 2010

DAWSON 0810

    DAWSON, Christopher ; CBS INTERACTIVE, INC. (Hrsg.) ; ZDNET.COM (Hrsg.): *Amazon App Store for Android: Not just for smartphones.* Version: 08.10.2010. http://www.zdnet.com/blog/google/amazon-app-store-for-android-not-just-for-smartphones/2527, Abruf: 08.11.2010

DEAN UND GHEMAWAT 0612

    DEAN, Jeffrey ; GHEMAWAT, Sanjay: MapReduce: Simplified Data Processing on Large Clusters. In: *6th Symposium on Operating Systems Desing & Implementation (OSDI).* San Francisco, CA : USENIX Association, 06.12. bis 08.12.2004, S. 137–150

ELMASRI 2009

    ELMASRI, Ramez A.; Navathe Shamkant B.: *Grundlagen von Datenbanksystemen.* München : Pearson Studium, 2009

FELDEN 2006

    FELDEN, Carsten: *Neue betriebswirtschaftliche Forschung.* Bd. 347: *Personalisierung der Informationsversorgung in Unternehmen.* 1. Aufl. Wiesbaden : Deutscher Universitäts-Verlag, 2006

FELFERNIG ET AL. 2007

    FELFERNIG, Alexander ; FRIEDRICH, Gerhard ; SCHMIDT-THIEME, Lars: Guest Editors' Introduction: Recommender Systems. In: *Intelligent Systems* 22 (2007), Nr. 3, S. 18–21

FELSER 2404

    FELSER, Rudolf ; INFO TECHNOLOGIE VERLAG GMBH (Hrsg.): *Neues von Googles Android.* Version: 24.04.2009. http://www.computerwelt.at/detailArticle. asp?a=121181&n=1, Abruf: 13.12.2009

FINK ET AL. 2005

    FINK, Andreas ; SCHNEIDEREIT, Gabriele ; Voss, Stefan: *Grundlagen der Wirtschaftsinformatik.* 2. überarbeitete Auflage. Heidelberg : Physica Verlag, 2005

FIRTMAN 2010

    FIRTMAN, Maximiliano: *Programming the Mobile Web.* Sebastopol, CA : O'Reilly Media, Inc., 2010

FLEISCH 2001

    FLEISCH, Elgar: Betriebswirtschaftliche Perspektiven des Ubiquitous Computing. In: BUHL, Hans U. (Hrsg.) ; HUTHER, Andreas (Hrsg.) ; REITWIESNER, Bernd (Hrsg.): *Information age economy.* Heidelberg : Physica-Verlag, 2001, S. 177–191

FLING 2009

    FLING, Brian: *Mobile Design and Development: [Practical techniques for creating mobile sites and web apps].* 1. Aufl. Sebastopol, CA : O'Reilly, 2009

FU UND CHEN 2008

    FU, Xin ; CHEN, Miao: Exploring the Stability of IDF Term Weighting. In: LI, Hang (Hrsg.) ; LIU, Ting (Hrsg.) ; MA, Wei-Ying (Hrsg.) ; SAKAI, Tetsuya (Hrsg.) ; WONG, Kam-Fai (Hrsg.) ; ZHOU, Guodong (Hrsg.): *Information Retrieval Technology* Bd. 4993. Berlin, Heidelberg : Springer-Verlag, 2008, S. 10–22

FUCHSS 2009

    FUCHSS, Thomas: *Mobile Computing: Grundlagen und Konzepte für mobile Anwendungen.* München : Hanser, 2009

GARRELS 1501

    GARRELS, Christian ; AXEL SPRINGER AG (Hrsg.): *Premium-Initiative von Axel Springer erfolgreich gestartet: Mehr als 100 000 App-Downloads.* Version: 15.01.2010. `http://www.axelspringer.de/presse/Mehr-als-100.000-kostenpflichtige-App-Downloads-Premium-Initiative-von-Axel-Springer-erfolgreich-gestartet_1093490.html`, Abruf: 15.01.2010

GEHRMANN 0112

    GEHRMANN, Benjamin ; IDG BUSINESS MEDIA GMBH (Hrsg.): *IDC-Prognose: Android wird in Europa Symbian überholen.* Version: 01.12.2010. `http://www.computerwoche.de/netzwerke/mobile-wireless/2359138/`, Abruf: 07.12.2010

GEHRMANN 0912

    GEHRMANN, Benjamin ; IDG BUSINESS MEDIA GMBH (Hrsg.): *Neuer Rekord: Täglich werden 300.000 Android-Geräte aktiviert.* Version: 09.12.2010. `http://www.computerwoche.de/netzwerke/mobile-wireless/2359928/`, Abruf: 09.12.2010

GENSLER UND SKIERA 2002

    GENSLER, Sonja ; SKIERA, Bernd: Empfehlungssysteme als Grundlage zur Personalisierung im Electronic Retailing. In: *Jahrbuch Handelsmanagement 2002: Electronic Retailing.* Frankfurt am Main : Deutscher Fachverlag, 2002 (Edition Lebensmittel Zeitung), S. 239–264

GETTEY UND TUDOR 1011

    GETTEY, Christy ; TUDOR, Ben ; GARTNER, INC. (Hrsg.): *Gartner Says Worldwide Mobile Phone Sales Grew 35 Percent in Third Quarter 2010; Smartphone Sales Increased 96 Percent.* Version: 10.11.2010. `http://www.gartner.com/it/page.jsp?id=1466313`, Abruf: 18.11.2010

GIGUÈRE 1999

GIGUÈRE, Éric: *Palm database programming; the complete developer's guide*. New York [u.a.] : Wiley, 1999

GLÄSSER 2003

GLÄSSER, Lothar: *IT-Lösungen im E-Business; die technischen Grundlagen: einfach, praxisnah, zukunftsorientiert*. Erlangen : Publicis, 2003

GLOBAL TELECOMS BUSINESS 1409

GLOBAL TELECOMS BUSINESS (Hrsg.): *Telefónica plans app store for 200m*. Version: 14.09.2009. http://www.globaltelecomsbusiness.com/Article/2294348/Regions/25187/Telefnica-plans-app-store-for-200m.html, Abruf: 22.09.2010

GOLDING 2008

GOLDING, Paul: *Next generation wireless applications; creating mobile applications in a Web 2.0 and Mobile 2.0 World*. 2. Auflage. Chichester : Wiley, 2008

GOY ET AL. 2007

GOY, Anna ; ARDISSONO, Liliana ; PETRONE, Giovanna: Personalization in E-Commerce Applications. In: BRUSILOVSKY, Peter (Hrsg.) ; KOBSA, Alfred (Hrsg.) ; NEJDL, Wolfgang (Hrsg.): *The Adaptive Web* Bd. 4321. Berlin : Springer, 2007 (LNCS), S. 485–520

GROB ET AL. 2004

GROB, Heinz L. ; REEPMEYER, Jan A. ; BENSBERG, Frank: *Einführung in die Wirtschaftsinformatik*. 5., vollst. überarb. und erw. Aufl. München : Vahlen, 2004

GUMM ET AL. 2006

GUMM, Heinz-Peter ; SOMMER, Manfred ; HESSE, Wolfgang: *Einführung in die Informatik*. 7., vollst. überarb. Aufl. München : Oldenbourg, 2006

HAGOORT 2001

HAGOORT, Thijs ; GAMESINDUSTRY.COM (NEWZOO BV) (Hrsg.): *2009 gaben die Deutschen 140 Millionen Euro für Mobile Games aus*. Version: 20.01.2010. http://www.presseanzeiger.de/meldungen/it-computer-internet/317471.php, Abruf: 21.09.2010

HANSEN 2008

HANSEN, Torben: *Wirtschaftsinformatik - Theorie und Anwendung*. Bd. 13: *RFID-gestützte Produktempfehlung im stationären Einzelhandel*. Berlin : Logos-Verlag, 2008

HEINISCH ET AL. 2007

HEINISCH, Cornelia ; GOLL, Joachim ; MÜLLER-HOFMANN, Frank: *Java als erste Programmiersprache: Vom Einsteiger zum Profi ; [Java 6]*. 5., überarb. und erw. Aufl. Wiesbaden : B.G. Teubner Verlag / GWV Fachverlage GmbH, 2007

HENZE 0610

HENZE, Stefan ; IDG BUSINESS MEDIA GMBH (Hrsg.): *Ratgeber Dienste mobilisieren: So bringen Sie Web-Anwendungen aufs Smartphone*. Version: 06.10.2010. http://www.computerwoche.de/netzwerke/mobile-wireless/1931422/, Abruf: 10.03.2010

HIPPNER UND WILDE 2006

    HIPPNER, Hajo ; WILDE, Klaus D.: *Grundlagen des CRM; Konzepte und Gestaltung.*
    2. Ausgabe. Wiesbaden : Gabler, 2006. – 15–45 S.

HÖHFELD UND KWIATKOWSKI 2007

    HÖHFELD, Stefanie ; KWIATKOWSKI, Melanie: Empfehlungssysteme aus informa-
    tionswissenschaftlicher Sicht – State of the Art. In: *Information – Wissenschaft*
    und Praxis 58 (2007), Nr. 5, S. 266–276

HOLZER 2009

    HOLZER, Jan Adrian; O. Adrian; Ondrus: Trends in Mobile Applications Deve-
    lopment. In: HESSELMAN, Carlo Cristian; G. Cristian; Giannelli (Hrsg.): *Mobile*
    Wireless Middleware, Operating Systems and Applications. Berlin, Heidelberg :
    Springer Berlin Heidelberg, 2009 (Springer-11645 /Dig. Serial), S. 55–64

HUSSEIN UND GAULKE 2010

    HUSSEIN, Tim ; GAULKE, Werner: Hybride, kontext-sensitive Generierung von
    Produktempfehlungen. In: *i-com* 9 (2010), Nr. 2, S. 16–23

KEMNITZ 2005

    KEMNITZ, Arnfried: *Mathematik zum Studienbeginn: Grundlagenwissen für alle*
    technischen, mathematisch-naturwissenschaftlichen und wirtschaftswissenschaftlichen
    Studiengänge. 7., überarb. Aufl. Wiesbaden : Vieweg, 2005

KIM UND KWON 2007

    KIM, S. ; KWON, J.: Effective context-aware recommendation on the semantic
    web. In: *International Journal of Computer Science and Network Security* 7 (2007),
    Nr. 8, S. 154–159

KIRN 2002

    KIRN, Alexander: *E-Business im Mittelstand; Analysen, Trends, Ausblicke.* Freiburg
    [Breisgau] : Noveonpublishing, 2002

KIRSCH 0108

    KIRSCH, Christian ; HEISE ZEITSCHRIFTEN VERLAG GMBH & CO. KG
    (Hrsg.): *Handy-Verkäufe wachsen um 14 Prozent.* Version: 01.08.2010.
    `http://www.heise.de/mobil/meldung/Handy-Verkaeufe-wachsen-um-14-`
    `Prozent-1048892.html`, Abruf: 01.08.2010

KIRSCH 0208

    KIRSCH, Christian ; HEISE ZEITSCHRIFTEN VERLAG GMBH & CO. KG (Hrsg.):
    Marktforscher: 800 Prozent mehr Android-Geräte in einem Jahr. Version: 02.08.2010.
    `http://www.heise.de/mobil/meldung/Marktforscher-800-Prozent-mehr-`
    `Android-Geraete-in-einem-Jahr-1048976.html`, Abruf: 02.08.2010

KLAHOLD 2009

    KLAHOLD, André: *Empfehlungssysteme: Grundlagen, Konzepte und Systeme.* Wies-
    baden : Vieweg+Teubner Verlag, 2009

KOCH 2001

    KOCH, Nora: Software Engineering for Adaptive Hypermedia Systems:
    Reference Model, Modeling Techniques and Development Process. In:
    Softwaretechnik-Trends 21 (2001), Nr. 1

KOCHAN 2009
  KOCHAN, Stephen G.: *Objective-C 2.0: Anwendungen entwickeln für Mac und iPhone*. München : Addison-Wesley, 2009

KOLLMANN 2009
  KOLLMANN, Tobias: *E-Business: Grundlagen elektronischer Geschäftsprozesse in der Net Economy*. 3., überarb. u. erw. Aufl. Wiesbaden : Gabler, 2009 (Gabler Lehrbuch). – 717 S.

KÖLMEL 2003
  KÖLMEL, Bernhard: Kontextsensitivität als Basis mobiler Dienste: Ansätze aus der Praxis. In: DITTRICH, Klaus R. (Hrsg.) ; KÖNIG, Wolfgang (Hrsg.) ; OBERWEIS, Andreas (Hrsg.) ; RANNENBERG, Kai (Hrsg.) ; WAHLSTER, Wolfgang (Hrsg.): *INFORMATIK 2003 - Innovative Informatikanwendungen, Band 2, Beiträge der 33. Jahrestagung der Gesellschaft für Informatik e.V. (GI), 29. September - 2. Oktober 2003 in Frankfurt am Main* Bd. 35, GI, 2003 (LNI), S. 372–378

KOVACS 2008
  KOVACS, Ernö: Vortrag: Context-Aware Services. In: *Medien Meeting Mannheim 2008 - Fachtagung Multi-Channel-Strategien*. Mannheim : Duale Hochschule Baden-Württemberg Mannheim - Staatliche Studienakademie, Mai 2008

KOYCHEV 2000
  KOYCHEV, Ivan: Gradual Forgetting for Adaptation to Concept Drift. In: RODRIGUEZ, Rita V. (Hrsg.): *In Proceedings of ECAI 2000 Workshop Current Issues in Spatio-Temporal Reasoning*. Berlin : IOS Press, 2000, S. 101–106

LABS 1011
  LABS, Lutz ; HEISE ZEITSCHRIFTEN VERLAG GMBH & CO. KG (Hrsg.): *Gartner: Smartphones treiben den Handy-Markt an*. Version: 10.11.2010. http://www.heise.de/mobil/meldung/Gartner-Smartphones-treiben-den-Handy-Markt-an-1133864.html, Abruf: 10.11.2010

LACKES UND ROTTMANN
  LACKES, Richard Prof. D. ; ROTTMANN, Horst Prof. D. ; GABLER VERLAG | SPRINGER FACHMEDIEN WIESBADEN GMBH (Hrsg.): *Aggregation*. http://wirtschaftslexikon.gabler.de/Archiv/55812/aggregation-v5.html, Abruf: 02.09.2010

LAMMENETT 2009
  LAMMENETT, Erwin: *Praxiswissen Online-Marketing: Affiliate- und E-Mail-Marketing, Keyword-Advertising, Online-Werbung, Suchmaschinen-Optimierung ; [mit Web 2.0 und Web-Screencasts]*. 2., aktualisierte und erw. Aufl. Wiesbaden : Gabler, 2009

LAMMER 2006
  LAMMER, Thomas: *Handbuch E-Money, E-Payment & M-Payment*. Heidelberg : Physica-Verlag, 2006 (Springer-11775 /Dig. Serial)

LAU 1207
  LAU, Oliver ; HEISE ZEITSCHRIFTEN VERLAG GMBH & CO. KG (Hrsg.): *Android Apps boomen*. Version: 12.07.2010. http://www.heise.de/mobil/meldung/Android-Apps-boomen-1036242.html?view=print, Abruf: 20.07.2010

LEHNER ET AL. 2008
    LEHNER, Franz ; WILDNER, Stephan ; SCHOLZ, Michael: *Wirtschaftsinformatik:*
    Eine Einführung. 2. Aufl. München : Hanser, 2008

LIEBERMAN 2000
    LIEBERMAN, T. H.; S. H.; Selker: Out of context: Computer systems that adapt to,
    and learn from, context. In: *IBM Systems Journal* 39 (2000), Nr. 3 & 4, S. 617–632

LINDEN ET AL. 2003
    LINDEN, Greg ; SMITH, Brent ; YORK, Jeremy: Amazon.com Recommendations:
    Item-to-Item Collaborative Filtering. In: *IEEE Internet Computing* 7 (2003), Nr. 1,
    S. 76–80

MARWEDEL 2008
    MARWEDEL, Peter: *Eingebettete Systeme;.* Korr. Nachdr. Berlin [u.a.] : Springer,
    2008

MEIER UND STORMER 2008
    MEIER, Andreas ; STORMER, Henrik: *eBusiness & eCommerce: Management der*
    digitalen Wertschöpfungskette. 2. Auflage. Berlin, Heidelberg : Springer-Verlag,
    2008 (Springer-11775 /Dig. Serial])

MEISSNER 2004
    MEISSNER, Jörg: *Statistik verstehen und sinnvoll nutzen: Anwendungsorientierte*
    Einführung für Wirtschaftler. München : Oldenbourg Wissenschaftsverlag, 2004

MERZ 2002
    MERZ, Michael: *E-commerce und E-business: Marktmodelle, Anwendungen und*
    Technologien. 2., aktualisierte und erw. Aufl. Heidelberg : dpunkt-Verlag, 2002

MONTANER ET AL. 2003
    MONTANER, M. ; LÓPEZ, B. ; LA ROSA, J. L.: A taxonomy of Recommender Agents
    on the Internet. In: *Artificial Intelligence Review* 19 (2003), Nr. 4, S. 285–330

MOSEMANN 2009
    MOSEMANN, Heiko: *Android; Anwendungen für das Handy-Betriebssystem erfolg-*
    reich programmieren. München [u.a.] : Hanser, 2009

NEUMANN 2909
    NEUMANN, Alexander ; HEISE ZEITSCHRIFTEN VERLAG GMBH & CO.
    KG (Hrsg.): *Umfrage: App-Entwickler setzen perspektivisch auf Andro-*
    id. Version: 29.09.2010. http://www.heise.de/mobil/meldung/Umfrage-
    App-Entwickler-setzen-perspektivisch-auf-Android-1098131.html, Abruf:
    29.09.2010

OBERSCHELP UND VOSSEN 2006
    OBERSCHELP, Walter ; VOSSEN, Gottfried: *Rechneraufbau und Rechnerstrukturen.*
    10., überarb. und erw. Aufl. München : Oldenbourg, 2006

ÖSTERLE 1996
    ÖSTERLE, Hubert: Business Engineering: Transition to the Networked Enterprise.
    In: *EM – Electronic Markets* 6 (1996), Nr. 2, S. 14–16

PALMISANO ET AL. 2007

PALMISANO, Cosimo ; TUZHILIN, Alex ; GORGOLIONE, Michele: User Profiling with Hierarchical Context: An e-Retailer Case Study. In: KOKINOV, Boicho N. (Hrsg.) ; RICHARDSON, Daniel C. (Hrsg.) ; ROTH-BERGHOFER, Thomas R. (Hrsg.) ; VIEU, Laure (Hrsg.): *Modeling and Using Context* Bd. 4635. Berlin, Heidelberg : Springer-Verlag Berlin Heidelberg, 2007 (Lecture Notes in Computer Science), S. 369–384

PETERSOHN 2005

PETERSOHN, Helge: *Data Mining: Verfahren, Prozesse, Anwendungsarchitektur.* München : Oldenbourg Wissenschaftsverlag, 2005

REICHARDT 2008

REICHARDT, Tina: *Bedürfnisorientierte Marktstrukturanalyse für technische Innovationen: Eine empirische Untersuchung am Beispiel Mobile Commerce.* Wiesbaden : Betriebswirtschaftlicher Verlag Dr. Th. Gabler / GWV Fachverlage GmbH, 2008 (Springer-11775 /Dig. Serial)

REICHWALD 2009

REICHWALD, Frank Ralf; P. Ralf; Piller: *Interaktive Wertschöpfung: Open Innovation, Individualisierung und neue Formen der Arbeitsteilung.* Wiesbaden : Gabler, 2009

ROGERS 2009

ROGERS, Rick: *Android application development.* Sebastopol, CA : O'Reilly Media, Inc., 2009

RUNTE 2000

RUNTE, Matthias: *DUV Wirtschaftswissenschaft.* Bd. Band 37: *Personalisierung im Internet: Individualisierte Angebote mit Collaborative Filtering.* 1. Auflage. Wiesbaden : Deutscher Universitäts-Verlag, 2000

SARWAR ET AL. 2001

SARWAR, Badrul ; KARYPSIS, George ; KONSTAN, Joseph ; RIEDL, John: Item-based Collaborative Filtering Recommendation Algorithms. In: SHEN, Vincent Y. (Hrsg.) ; SAITO, Nobuo (Hrsg.) ; LYU, Michael R. (Hrsg.) ; ZURKO, Mary Ellen Z. (Hrsg.): *Proceedings of the 10th international conference on World Wide Web.* Hong Kong : ACM, 2001, S. 285–295

SCHAFER ET AL. 2007

SCHAFER, J. B. ; FRANKOWSKI, Dan ; HERLOCKER, Jonathan L. ; SEN, Shilad: Collaborative Filtering Recommender Systems. In: BRUSILOVSKY, Peter (Hrsg.) ; KOBSA, Alfred (Hrsg.) ; NEJDL, Wolfgang (Hrsg.): *The Adaptive Web* Bd. 4321. Berlin : Springer, 2007 (LNCS), S. 291–324

SCHILIT UND THEIMER 1994

SCHILIT, Bill N. ; THEIMER, Marvin: Disseminating Active Map Information to Mobile Hosts. In: *IEEE Network* 8 (1994), Nr. 5, S. 22–32

SCHILL 2007

SCHILL, Thomas Alexander; S. Alexander; Springer: *Verteilte Systeme: Grundlagen und Basistechnologien.* Berlin : Springer, 2007 (eXamen.press)

SCHMIDT ET AL. 1999

SCHMIDT, Albrecht ; BEIGL, Michael ; GELLERSEN, Hans-Werner: There is more to context than location. In: *Computers & Graphics* 23 (1999), Nr. 6, S. 893–901

SCHMITZ ET AL. 2006

    SCHMITZ, Roland ; KIEFER, Roland ; MAUCHER, Johannes ; SCHULZE, Jan ; SUCHY, Thomas: *Kompendium Medieninformatik:Mediennetze*. Berlin, Heidelberg : Springer, 2006 (Springer-11774 /Dig. Serial)

SCHNEIDER UND WERNER 2007

    SCHNEIDER, Uwe ; WERNER, Dieter: *Taschenbuch der Informatik: Mit 108 Tabellen.* 6., neu bearb. Aufl. München : Fachbuchverl. Leipzig im Carl-Hanser-Verl., 2007

SCHRIEK 2006

    SCHRIEK, Michael: *Geschäftsmodelle im M-Commerce; eine kritische Analyse rechtlicher Transparenzerfordernisse.* Münster : LIT, 2006

SEITZ 2007

    SEITZ, Jochen: *Digitale Sprach- und Datenkommunikation; Netze - Protokolle - Vermittlung.* München [u.a.] : Fachbuchverlag Leipzig im Carl Hanser Verlag, 2007

SHEPITSEN ET AL. 2008

    SHEPITSEN, Andriy ; GEMMELL, Jonathan ; MOBASHER, Bamshad ; BURKE, Robin: Personalized recommendation in social tagging systems using hierarchical clustering. In: *RecSys '08: Proceedings of the 2008 ACM conference on Recommender systems (2008)*, ACM, 2008, S. 259–266

TABERY 2007

    TABERY, Peter: *Mobilitätsunterstützung mit programmierbaren Netzen;.* München : Utz, 2007

TAMM 2005

    TAMM, Gerrit: *Webbasierte Dienste; Technologien, Märkte und Geschäftsmodelle.* Heidelberg : Physica-Verlag, 2005

TANENBAUM 2009

    TANENBAUM, Andrew S.: *Moderne Betriebssysteme;.* 3. München [u.a.] : Pearson Studium, 2009

TIMMERS 1998

    TIMMERS, Paul: Business Models for Electronic Markets. In: *EM – Electronic Markets* 8 (1998), Nr. 2, S. 3–8

TSCHERSICH 0903

    TSCHERSICH, Markus ; SCHOLZ, Heike (Hrsg.): *Was ist ein mobiles Endgerät?* Version: 09.03.2010. http://www.mobile-zeitgeist.com/2010/03/09/was-ist-ein-mobiles-endgeraet/, Abruf: 15.09.2010

TSENG UND JIAO 2001

    TSENG, Mitchel ; JIAO, Jianxin: Mass Customization. In: GAVRIEL, Salvendy (Hrsg.): *Handbook of Industrial Engineering - Technology and Operations Management.* New York, NY : John Wiley & Sons, 2001, S. 684–709

TUROWSKI UND POUSTTCHI 2004

    TUROWSKI, Klaus ; POUSTTCHI, Key: *Mobile Commerce: Grundlagen und Techniken.* Berlin : Springer, 2004

WELFENS 2005

WELFENS, Paul J. J.: *Internetwirtschaft 2010; Perspektiven und Auswirkungen ; Studie für das Bundesministerium für Wirtschaft und Arbeit.* Heidelberg : Physica-Verlag, 2005

WIESNER 2010

WIESNER, André: *Activity Tree Harvesting: Entdeckung, Analyse und Verwertung der Nutzungskontexte SCORM-konformer Lernobjekte.* Karlsruhe : KIT Scientific Publishing, 2010

WINKELHAGE 2406

WINKELHAGE, Johannes ; F.A.Z. ELECTRONIC MEDIA GMBH (Hrsg.): *Mobilfunkmarkt: Nokia überwindet den Google-Schock.* Version: 24.06.2008. http://www.faz.net/s/RubE2C6E0BCC2F04DD787CDC274993E94C1/ Doc~E3755C7927D114F389F8E95CD99B56493~ATpl~Ecommon~Scontent.html, Abruf: 13.08.2010

WIRTZ 2001

WIRTZ, Bernd W.: *Electronic Business.* 2., vollst. überarb. und erw. Aufl. Wiesbaden : Gabler, 2001

WÖLBERT 1110

WÖLBERT, Christian ; HEISE ZEITSCHRIFTEN VERLAG GMBH & Co. KG (Hrsg.): *Amazons Android-Shop nimmt Konturen an.* Version: 11.10.2010. http://www.heise.de/mobil/meldung/Amazons-Android-Shop-nimmt-Konturen-an-1105405.html, Abruf: 11.10.2010

WÖRNDL UND GROH 2007

WÖRNDL, Wolfgang ; GROH, Georg: Utilizing Physical and Social Context to Improve Recommender Systems. In: *Web Intelligence/IAT Workshops*, IEEE, 2007, S. 123–128

WÖRNDL ET AL. 2009

WÖRNDL, Wolfgang ; MÜHE, Henrik ; PRINZ, Vivian: Decentral Item-based Collaborative Filtering for Recommending Images on Mobile Devices. In: *MDM 2009, Tenth International Conference on Mobile Data Management, Taipei, Taiwan, 18-20 May 2009*, IEEE Computer Society, 2009, S. 608–613

ZANKER ET AL. 2007

ZANKER, Markus ; JESSENITSCHNIG, Markus ; JANNACH, Dietmar ; GORDEA, Sergiu: Comparing Recommendation Strategies in a Commercial Context. In: *IEEE Intelligent Systems* 22 (2007), Nr. 3, S. 69–73

ZÖLLER-GREER 2002

ZÖLLER-GREER, Peter: *Softwareengineering für Ingeneieure und Informatiker: Planung, Entwurf und Implementierung.* Wiesbaden : Vieweg+Teubner Verlag, 2002